TOMORROW TRIUMPHANT

Selected Poems of
Otto René Castillo

Bilingual Edition

Translated by the
Roque Dalton Cultural Brigade
Edited by
Magaly Fernandez & David Volpendesta

Night Horn Books
San Francisco

TOMORROW TRIUMPHANT: Selected Poems of Otto René Castillo
Translated by the Roque Dalton Cultural Brigade.

English Translations ©1984 by Night Horn Books

This book was designed and produced for Night Horn Books
by Robert Anbian.

The publisher wishes to thank Tina Avila and Richard Zybert for all
their assistance and Tina Alvarez Robles and Francisco X. Alarcón
for their advice on translation.

All Spanish texts are taken from *Informe de una Injusticia* (Edición
San Jose, EDUCA, 1982, ISBN 84-8360-073-0) by the kind permission
of Zoila Quiñones Castillo. Some of these translations have previously
appeared in *OBOE: An International Magazine of Literature & Art,*
Volcán: Central American Anthology (City Lights Books)
and *Compages.*

FIRST PRINTING

ISBN 0-941842-02-9
Library of Congress Card Catalogue Number: 83-63435

CONTENTS

INTRODUCTION

On March 19, 1967, in the remote highlands of Guatemala, a 31 year old poet named Otto René Castillo was burned at the stake after being savagely tortured and mutilated for four days by the Guatemalan Army. Castillo met with dignity the prescribed fate of captured guerrillas of the Revolutionary Armed Forces (FAR) of Guatemala. After years of agitation and exile, he had entered into armed struggle convinced that it was the only way to liberate his country from a tragic history of oppression and genocide.

Castillo's life reads like a litany of the experiences of an entire generation of Central American writers, artists, and intellectuals who have suffered torture, imprisonment and exile since their early youth. His death, an event painfully augured in many of his poems, eloquently testifies to his deep commitment to revolutionary ideals of justice and liberty.

Castillo's poetry is one of extreme urgency. Devoid of literary preoccupations, it is packed as lean and effective as a guerillla's knapsack. It is a dialectical poetry in which the most intimate experience — love — already includes a collective destiny of redemption. The poet not only wants the reader to empathize with the poor, the workers, the peasants, but he challenges and inspires us at the broadest human level to participate in the struggle for liberation.

An irreducible ethical and spiritual current permeates Castillo's poetry. The world is seen as the living stage on which humanity struggles against the onslaught of exploitation, hatred and injustice. In every scene, even amid terror and mourning, the poet announces the coming of a new age when the "beast" will have died beneath the weight of humanity. Known throughout Latin America as the "poet of hope," Castillo believed that the drama of history can admit of only temporary defeats because the common people — whose sufferings force them to struggle for a better world — are the true bearers of the seeds of the future.

Castillo underwent his first exile when he was only 17 years old. He was later to spend five years in exile in the German Democratic Republic (GDR) where he married and fathered two children. Some of his poems are drawn directly from that bitter-sweet experience. For Castillo, the GDR serves, perhaps too romantically at times, as a counterpoint: its process of economic and social development accentuating Guatemala's precarious conditions. The GDR also provides the setting for some of his most beautiful love poems. But it is Guatemala, the exuberant beauty of its land and the misery of its people that saturates Castillo's poetry with the ultimate experiences of love and hatred, joy and sorrow, life and death.

These poems are deliberately partisan: inspired in part by revolutionary Marxism, they are a contemporary call to reason and love in the midst of systematic butchery and terror. These poems comprise a high example of the unification of poetry, love, action and life. They reaffirm faith in humanity and its future while drawing strength from the past, especially from Guatamala's history of resistance as personified by the Indian leader Tecún Umán who was also burned to death, and from the rich cultural spirit of the Mayans who were attuned to the land long before the first invaders arrived. So formidable and inspiring is the life and work of Otto René Castillo that revolutionary forces in Guatemala City have named a front after him.

With the publication of this bilingual collection, the Roque Dalton Cultural Brigade and its friends offer their assistance and solidarity to the peoples of Central America in this critical period of their struggle. May this book serve the triumph of justice and freedom throughout the Americas.

—Francisco X. Alarcón
Roque Dalton Cultural Brigade
March, 1984, San Francisco

TOMORROW TRIUMPHANT

HOLOCAUSTO OPTIMISTA

¡Qué terrible mi tiempo!

Y sin embargo, fue mi tiempo.
No lo impuse yo, tan sólo
me tocó hundir mis pasos
en su vientre
y caminar con el fango
hasta el alma,
llenarme la cara de lodo,
enturbiarme la pupila
con el agua sucia
y marchar
hacia la orilla futura
dejando una huella
horripilante
que hederá
para todos los tiempos.
Y sin embargo, fue mi tiempo.
Pustulento. Perruno. Horrendo.
Creado por el lobo, en verdad.
Sufrido por el hombre, a verdad.
Destruido con odio y muerte
en nombre del amor y la vida.

¡Qué terrible mi tiempo!

Y sin embargo, fue mi tiempo.
Hombres del futuro, cuando
penséis en nuestro tiempo,
no penséis en los hombres,
pensad en las bestias
que fuimos mordiéndonos
a dentelladas homicidas
los pedazos de alma
que tuvimos,
pero pensad también
que en este combate
entre animales
se murieron las bestias
para todos los siglos
y nació el hombre,

1

OPTIMISTIC HOLOCAUST

How terrible my age!

Nevertheless, it was my age.
I didn't sit in it myself,
my only share was to plunge
my footsteps into its belly
trampling the mud
up to my soul,
covering my face in mud,
muddying my pupils
with filthy water
and setting off
toward a future shore,
leaving a footprint,
which in it's horror
will stink for eternity.
Nevertheless, it was my age.
Pustulant. Dog-like. Hideous.
Truly created by the wolf.
Truly suffered by humanity.
Destroyed by hatred and death
in the name of love and life.

How terrible my age!

Nevertheless, it was my age.
Men of the future
when you think about our age,
don't think about the men:
think about the beasts
we were, biting
with homicidal fangs
the bits of soul
we had;
think as well
that in this battle
between animals
the beasts died
forever
and humanity was born,
the only good thing about my age.
Think that in the middle of everything

lo único bueno de mi tiempo.
Y que en medio de todo,
algunos vimos,
llenos de telarañas
y de polvo genésico,
cómo el hombre
fue venciendo a la bestia.
Y cómo el futuro
se acercaba
con una estrella
en los cabellos,
cuando moría
la bestia
bajo el peso
del hombre.

EL GRAN INCONFORME

1.
Nunca preguntéis
a un hombre
si sufre,
porque siempre
se está sufriendo
en alguna forma
y en algún camino.

Hoy,
por ejemplo,
sufro tu dolor,
patria mía,
hasta lo más alto
de mi alma.
Y no puedo
escapar,

some of us saw,
filled with cobwebs
and genetic dust
how humanity
was conquering the beast,
and how the future
was growing closer
with a star
in strands of hair
when the beast
died
beneath the weight
of humanity.

—*trans. by David Volpendesta*

THE GREAT NONCONFORMIST

1.
Never ask
a man
if he suffers,
because one
always suffers
in some way,
on some road.

For example
today,
my country,
I suffer your pain
to the heights
of my soul.
And wounded
as I am

llagado
como estoy,
de tu tragedia.

Debo vivirte,
porque no he nacido
para darte
el contrapecho
de mi vida,
sino lo más noble
y provechoso que tengo:
la vida de mi vida,
la dignidad y su ternura.

2.
Si alguien
sufre tanto contigo,
ese pobre hombre
tengo que ser yo,
yo que sufro tus limosneros,
tus prostitutas,
tus hambrientos,
tus ásperas colonias populares,
donde tienen sus nidos
los buitres
del hambre y del frío.

Pero yo no te sufro
sólo con los ojos
abiertos,
sino con toda la herida,
tanto del alma
como del cuerpo,
porque soy, antes que nada,
el gran inconforme
que anda
debajo de la piel
de todos,
esperando su hora,
porque nadie
como los pueblos
saben,

I cannot
escape
from your tragedy.

I must live through you
because I wasn't born
to give you
the counterbreast
of my life,
but the most noble,
the most useful thing that I have;
the life of my life,
its tenderness and dignity.

2.
If someone
suffers a lot with you,
that poor man
has to be me;
I suffer your beggars,
your prostitutes,
your hungry,
your tough common neighborhoods
where the vultures
of hunger and cold
have their nests.

But I don't suffer you
with my open eyes alone,
but with a total wound
of body
and soul
because I am, before anything
the great nonconformist
living beneath
everyone's skin,
waiting for the hour,
because no one
knows
better than the people
that you can't
ever abandon

que no se puede
renunciar jamás
a la lucha,
porque tampoco
se puede renunciar
nunca a la victoria.

AURORA DE MILPA Y DE PALOMA

El fruto
es organizado
en la fertilidad
combativa
de la tierra.
Recorre
las distancias
verdes
de la clorofila,
galopando
al hermoso caballo
de la vida.

Y un día
inmortal
encierra
al sol y al agua
en su maduro
corazón
de serenata.

Así
conquista
él
su derecho
a brillar
con orgullo

the struggle,
nor can you ever
renounce the victory.

—*trans. by Magaly Fernandez*

DAWN OF CORNFIELDS AND DOVES

Fruit
is organized
in the fertility
of the earth at war
with itself.
It runs over
distances
green
with chlorophyll
and rears up its
beautiful horse
of life.

And one day,
one immortal day,
it shuts away
the sun and water
in its heart ripened
with their serenades.

Like this
it conquers
the right
to glisten
with pride
in the breast
of its orchards,

en el pecho
de los huertos,
porque
jamás
se le antojó
galopar
con el caballo
de la vida
hacia el oscuro
fondo de la tierra;
hacia lo que significaría
la muerte de su música,
la liquidación
total
de su alegría!
Así
será
tu simple
y complicada
historia,
patria,
un galope
vital
hacia el futuro,
que será tu pueblo
con su aurora
de milpa
y de paloma.

Pero
no olvides,
tuya
será la aurora,
morena,
si tú
con sus manos
           la conquistas!

because
it never
wanted
to gallop
with the horse
of life
toward the dark
depths of the earth;
toward what signified
the death of its music,
the total
liquidation
of its utter joy!

Like this
will be
your simple
and complex
history,
my land,
a vital
gallop
into the future
that will be your people
with their mornings
of cornfields
and birds of peace.

But
always remember,
the dawn
will be yours,
brown one,
if with the hands of your people
you
conquer it!

—*trans. by Tina Alvarez Robles*

MI DESEO DE TI

Mi deseo
de ti
podría llamarse
potro de fuego,
porque salta de mis ojos
a la campiña de tu cuerpo.
Y te galopa sin descanso,
minutos, horas, siglos
enteros.
Piafando va con sus cascos
la espuma de tu alma,
para que lo sepas presente.
Pero no lo creas
salvaje,
si caracolea en tu pecho
o se para en dos patas
hasta la catarata
de tus senos,
por donde tu cuerpo
fluye al mundo,
al mar de mis dos manos.
Mirad también la ternura
de su paso,
el rocío de su trote
cuando pasa por tu vientre
tembloroso.
Vedlo también en la noche,
recostando su crin
sobre tus muslos
y alzando sus ojos
a la luna,
que acaricia dulcemente
sus cabellos sonoros.
Oídlo como galopa
por ti,
sin saber jamás
si tú lo sabes
y lo quieres,
para que no sea

MY DESIRE FOR YOU

My desire
for you
could be called
a fiery colt,
because it leaps from my eyes
into your body's countryside.
It gallops over you restlessly
for minutes, hours, whole
centuries.
With its hooves it goes stamping
through the foam of your soul
so that you'll know it's there.
But don't believe it
wild
if it prances across your chest
or stops and rears up
at your breasts'
waterfall,
from where your body
is flowing into the world,
into the sea of my hands.
Look how gentle
its step is
and the mist of its gait
as it passes over your belly,
trembling.
See it also at night
resting its mane
on your thighs
and raising its eyes
to the moon,
which softly strokes
its sonorous hair.
Hear it galloping
over you,
without ever knowing
whether you know it
and love it,
so that its epic

su epopeya de llama.

Mi deseo de ti,
alma mía,
tiene su andar
en incendio.

LIBERTAD

Tenemos
por ti
tantos golpes
acumulados
en la piel,
que ya ni de pie
cabemos
en la muerte.

En mi país,
la libertad no es sólo
un delicado viento del alma,
sino también un coraje de piel.
En cada milímetro
de su llanura infinita
está tu nombre escrito:
libertad.
En las manos torturadas.
En los ojos,
abiertos al asombro
del luto.
En la frente,
cuando ella aletea dignidad.
En el pecho,
donde un aguanta varón

won't go up in smoke.

My desire for you,
my love,
strides
through fire.

—*trans. by Stephen Kessler*

FREEDOM

For you,
so many blows
have gathered
on our skin
that even standing
we do not fit
death.

In my country,
freedom is not only
a delicate breath from the soul
but physical courage as well.
On every millimeter
of its infinite landscape
your name is written:
freedom.
On tortured hands.
On eyes opened
to the amazement
of grief.
Upon the forehead
when it flutters with dignity.
In the chest
where an enduring man

nos crece en grande.
En la espalda y los pies
que sufren tanto.
En los testículos,
orgullecidos de sí.
Ahí tu nombre,
tu suave y tierno nombre,
cantando en esperanza y coraje.

Hemos sufrido
en tantas partes
los golpes del verdugo
y escrito en tan poca piel
tantas veces su nombre,
que ya no podemos morir,
porque la libertad
no tiene muerte.

Nos pueden
seguir golpeando,
que conste, si pueden.
Tú siempre serás la victoriosa,
libertad.
Y cuando nosotros
disparemos
el último cartucho,
tú serás la primera
que cante en la garganta
de mis compatriotas,
libertad.
Porque
nada hay más bello
sobre la anchura
de la tierra,
que un pueblo libre,
gallardo pie,
sobre un sistema
que concluye.

La libertad,
entonces,
vigila y sueña
cuando nosotros

grows within us to greatness.
On the back and feet
which suffer so much.
In the testicles,
proud of themselves.
There, your name,
your soft and tender name
singing with hope and courage.

We have suffered
in so many places
the blows of torment
and written in so little skin
your name so many times
that now we can't die
because freedom is deathless.

Of course,
they can continue beating us,
if they can.
Freedom,
you will always be victorious.
And when
we fire
the last shot,
Freedom,
you will be the first
to sing in the throat
of my countrymen
because
there is nothing more beautiful
on the face
of the earth
than a free people
standing bravely
upon a system
which is ending.

And so,
freedom
dreams and keeps vigil.
We enter night

entramos a la noche
o llegamos al día,
suavemente enamorados
de su nombre tan bello:
libertad.

CARCEL DE LA POLICIA

1.
La cárcel de policía en mi país
tiene color de gris martirio
y gris invierno.
El llanto
ha sonado contra el tiempo
y contra el odio
en sus muros,
extendidos junto al dolor del pueblo.
Es una frontera de espinas venenos.
El hombre del pueblo
                              sabe
y se rebela contra ella,
porque ahí,
              durante muchos años,
se agolpó la voz del pobre,
se torturó la flor de su sueño,
y se levantó con el orgullo
                              del verdugo,
una sola estatura de lamentos
y de lirios amargos.

La cárcel de policía en mi país

or arrive at day,
softly enamored
of your beautiful name:
Freedom.

—*trans. by Barbara Paschke
and David Volpendesta*

POLICE JAIL

1.
The police jail in my country
is colored martyr grey
and winter grey.
The cry of suffering
has sounded against time
and against the hate
inside its walls,
built alongside the anguish of the people.

It's a frontier of poison thorns.
The man of the people
                    knows it
and rebels against it,
because there,
                for many years,
the poor man's voice was battered,
the flower of his dreams was tortured,
and a lonely tower of laments
and bitter lilies
was raised up by the pride
                            of the hangman.

The police jail in my country

es verdaderamente tenebrosa.

Ahí se rompió
la continuidad de tantas esperanzas.
Ahí murieron muchos hombres
guardando en el cuenco dulce
                              de su mano,
la ausencia del pan y de los hijos.
Ellos murieron en su línea,
apretando en su delirio por tortura
el paisaje de una mazorca calurosa
y pensando en los pájaros
                      que vuelan
libremente por el aire azul
de Guatemala.

2.
¡Ah... qué doloroso
es tener que hablar de todo esto!
Pero la cárcel de policía
                        en mi país,
invade los terrenos
                    de la risa
cristalina,
              eleva su mano
de hiedra aterradora
                      al corazón
del viento
              y nos enturbia
el diálogo limpio con la vida.
Por eso el pueblo
                    sabe
que su color es gris
y es demasiado triste.

3.
Por eso los niños huyen de los policías
y los acusan con su miedo sencillo.

Por eso el pueblo la señala,
y escupe de odio contra ella.

is, in truth, dismal.

The unfolding of so many hopes
was broken there.
Many men died
holding the absence of food and their children
in the sweet hollows
                        of their hands.
They died on schedule,
holding on tight in their tortured delirium
to a warm landscape of corn
and thinking of the birds
                        flying
freely through the blue sky
of Guatemala.

2.
Oh...how painful
it is to have to speak of all this!
But the police jail
                    in my country
invades the land
                    of clear
laughter,
            raises its hand
of terrifying ivy
                    into the heart
of the wind
                and dirties
our clean dialogue with life.
That's how the people know
its color is grey
and so sad.

3.
That's why children run from policemen,
accusing them with their simple fear.

That's why the people point out the jail,
spitting with hate.

—trans. by Stephen Kessler

ESTRATEGA A CONTRAPECHO DEL HOMBRE

Coronel,
tú que tienes
las armas y el poder,
puedes mandar
a bombardear
nuestras montañas,
que su tranquilo
pecho
de esperanza y pájaro
jamás huirá
despavorido hacia el viento.

Coronel,
Tú que tienes
las armas y el poder,
puedes mandar
a matar
a quien te dé la gana;
a encarcelar
a quien se atreva
al coraje de la frente
en alto,
gallarda y luminosa
como son las frentes
de los dignos.

Coronel,
tú que tienes
las armas y el poder,
puedes
enviar a cerrar un instituto;
a herir el dulce futuro
de la patria con la tarascada
gris y salvaje
de tus malditas balas
y a uniformar
el orgullo civil
del quetzal postprimario.

Pero todo será vano,

THE PLOT AGAINST HUMANITY'S HEART

Coronel,
you who have
the arms and power:
you can order
the bombing
of our mountains
so that their calm
breasts
of bird-like hope
will flee,
frightened into the wind.

Coronel,
you who have
the arms and power,
you can order
the killing
of whomever you please:
the jailing
of the gallant and luminous
who dare
to hold their foreheads high
with dignity.

Coronel,
you have
the arms and power
which you can send
to close an institution,
to wound the sweet future
of a country
with the savage grey bite
of your accursed bullets,
to uniform
the public pride
of the first and last *quetzal.**

But it will all be in vain,

**quetzal:* monetary unit of Guatemala and the bird
which symbolizes freedom.

coronel,
porque tú no puedes,
con tu impotencia milenaria,
mandar a bombardear,
a matar y encarcelar,
a uniformar
la inconformidad
de un pueblo entero.
Esa es la lucha,
coronel,
y en esa lucha
tú llevas
la peor parte,
porque tú,
coronel,
piensas
del hombre para atrás
y el pueblo piensa
del hombre
hacia adelante.
He ahí,
pues,
coronel,
estratega
a contrapecho
del hombre,
porque tienes
de antemano
perdida la batalla
en contra de
          nosotros.

coronel,
because with your ancient impotence
you can't order
the bombing,
killing, and jailing
to uniform
the non-conformity
of an entire people.
That's the struggle,
coronel,
and in that struggle
you have
the worst part
because you, *coronel,*
conceive of humanity
as being retrograde
and the people feel
that humanity is advancing.
Well,
there it is,
coronel:
plot
against humanity's heart
because you already lost
the battle against us
before it
          began.

—*trans. by David Volpendesta*

SUERTE PERRA

Cuando vine al mundo,
en la ciudad
llamada de las cumbres,
eras toda tiniebla
Patria mía,
y la bondad humana
era un largo quejido,
ciego y callado.

Mis mayores,
graves y tristes
como un paisaje de ceniza,
habían acostumbrado
su vida al silencio
y no solían hablar
sino cuando estaban seguros
de estar realmente solos.

Yo recuerdo una tarde,
junto al cerezo
que estaba sembrado
en el patio de la vieja casona,
a un tío mío, anciano ya,
que lloraba largamente
por la muerte de su perro.

Ese día, según supe
mucho tiempo después,
habían muerto en la ciudad
muchas gentes,
asesinadas por el frío
y el hambre.
Pero lo más cercano
que tenía mi tío,
según dicen, era su animal,
un perro policía de tres años,
que siempre anduvo con él
por todas partes.
Mi tío murió poco después
de la más honda tristeza,
y su dolor ha de haber sido

A DOG'S LUCK

When I came into this world,
into this city
of the peaks,
you were all darkness,
my country,
and human kindness
was a lament,
long, blind and silent.

My elders
sad and grave
as an ashen landscape,
had accustomed
their lives to silence
and would not speak
unless sure of
being absolutely alone.

I remember one afternoon
by the cherry tree
that was planted
in the patio of the old house,
an old uncle of mine
crying piteously
because of the death of his dog.

A long time afterwards, I found out
that on that day many people
had died in the city,
murdered by cold
and hunger.
But the dearest thing
my uncle had, they say,
was his animal,
a three year old police dog
that went everywhere
with him.
My uncle died soon after
of deep grief,
and his pain must have been
genuine and sincere

claro y sincero,
para haberle quemado tan hondo.

Yo sólo lo recuerdo
junto al viejo cerezo,
y al llanto cantando
en el árbol de sus ojos.

Y cuando supe largo después
que tal día habían muerto
en la ciudad tantas personas,
joven e ingenuo que era,
le pregunté a mis tías,
señoritas y adineradas entonces,
que si el perro valía más llanto
que tanta gente muerta.
Y me recuerdo de su enfado,
como si yo le hubiera abofeteado
el rostro al recuerdo de su hermano.

Durante muchos julios
recordé todo confuso
ese amargo incidente de familia,
y luego después traté de olvidarlo
para todos los siempres.
Y casi hube de lograrlo,
si no es este día
en el que leo en un diario,
que un hombre fue matado a golpes
por haberle robado su comida
a un aburguesado perro policía.

Entonces me he dicho
que sigues más tiniebla
que nunca, patria mía,
y que sin duda por eso,
los hombres con dinero
son tan malos todavía.

for it to have burned so deeply.

I remember him
by the old cherry tree,
his weeping singing
in the tree of his eyes.

And when much later I learned
that on that day so many people
had died,
young and naive as I was,
I asked my aunts,
then pure and rich,
if the dog was worth more tears
than so many dead people.
I remember their anger,
as if I had slapped
the memory of their brother.

Through many Julys
I remembered with confusion
that bitter family incident.
I tried to put it
out of my mind forever.
I perhaps would have
if not for today
when I read in the newspaper
that a man was beaten to death
for stealing food
from a well-fed police dog.

So I have told myself
that you are more sombre
than ever, motherland,
and surely that is why
those with wealth
are still so evil.

—*trans. by Tina Alvarez Robles*

INFORME DE UNA INJUSTICIA

Desde hace algunos días se encuentran bajo de la lluvia
los enseres personales de la señora Damiana Murcia v. de
García de 77 años de edad quien fue lanzada de una
humilde vivienda, situada en la 15 calle "C", entre 3° y 4°
avenidas de la zona 1."
(Radioperióodico "Diario Minuto", primera edición del
día miércoles 10 de junio de 1964.)

Tal vez no lo imagines,
pero aquí,
delante de mis ojos,
una anciana,
Damiana Murcia v. de García,
de 77 años de ceniza,
debajo de la lluvia,
junto a sus muebles
rotos, sucios, viejos,
recibe
sobre la curva de su espalda,
toda la injusticia
maldita
del sistema de lo mío y lo tuyo.

Por ser pobre,
los juzgados de los ricos
ordenaron deshaucio.
Quizá ya no conozcas
más esta palabra.
Así de noble
es el mundo donde vives.
Poco a poco
van perdiendo ahí
su crueldad
las amargas palabras.

Y cada día,
como el amanecer,
surgen nuevos vocablos
todos llenos de amor
y de ternura para el hombre.

Deshaucio,

REPORT OF AN INJUSTICE

For several days now the personal belongings of
Mrs. Damiana Murcia were found out in the rain. The 77
year old widow of Mr. Garcia was evicted from her modest
home located at 15 "C" street between Third and Fourth
Avenues in Zone 1.
(Radio journal "The Daily Minute," first edition
Wednesday June 10, 1964)

Perhaps you can't imagine it
but here,
in front of my eyes,
an old woman
Damiana Murcia, widow of Garcia,
77 years of ashes,
underneath the rain,
beside her broken
dirty, old furniture,
receives,
on the curve of her back,
all the cursed
injustice
of the system which divides what's mine from yours.

For being poor
the courts of the rich
ordered eviction.
Perhaps you no longer know
this word.
That's how honest
the world is in which you live.
There,
little by little
bitter words
are losing
their cruelty.

And each day,
like the dawn,
new words emerge,
all of them full of love
and tenderness for humanity.

Eviction,

          ¿cómo aclararte?
Sabes, aquí,
             cuando
no puedes pagar el alquiler,
las autoridades de los ricos
vienen y te lanzan
con todas tus cosas
a la calle.
Y te quedas sin techo,
para la altura de tus sueños.
Eso significa la palabra
desahucio: soledad
abierta al cielo, al ojo juzgor
y miserable.

Este es el mundo libre, dicen.
¡Qué bien que tú
ya no conozcas
estas horrendas libertades!

Damiana Murcia v. de García
es muy pequeña,
             sabes,
y ha de tener tantísimo frío.

¡Qué grande ha de ser su soledad!

No te imaginas
lo que duelen estas injusticias.
Normales son entre nosotros.
Lo anormal es la ternura
y el odio que se tiene a la pobreza.
Por eso hoy más que siempre
amo tu mundo,
             lo entiendo,
               lo glorifico
atronado de cósmicos orgullos.

Y me pregunto:
¿Por qué, entre nosotros,
sufren tanto los ancianos,
si todos se harán viejos algún día?
Pero lo peor de todo

how can I explain it?
You know, here,
                    when
you can't pay the rent,
the authorities of the rich
come and throw you
and all your things
into the street.
And you're left without a roof
for the height of your dreams.
That's what the word
eviction means: loneliness
open to the skies, to the judgmental
and miserable eye.
This is the free world, they say.
How lucky that
you don't know
these horrendous freedoms!

Damiana Murcia, widow of Garcia,
is very small,
                    you know,
and must be so very cold.

How great her loneliness must be!

You can't imagine
how much these injustices hurt.
Among us they're normal.
The abnormal is tenderness,
hatred of poverty.
That's why today more than ever
I love your world,
                    I understand it,
                                        I glorify it,
stunned by cosmic pride.

And I ask myself:
Why do the old
among us suffer so much
if everyone will one day be old?
But worst of all

                              es la costumbre.
El hombre pierde su humanidad,
Y ya no tiene importancia para él
lo enorme del dolor ajeno.
                    Y come,
                        y ríe,
y se olvida de todo.
Yo no quiero
                para mi patria
estas cosas.
Yo no quiero
                para ninguno
estas cosas.
Yo no quiero
                para nadie en el mundo
estas cosas.
            Y digo yo,
porque el dolor
                debe llevar
claramente establecida su aureola.

Este es el mundo libre, dicen.

Ahora compárame en el tiempo.
Y díle a tus amigos
que la risa mía
se me ha vuelto una mueca
                        grotesca
en medio de la cara.
Y que digo amén su mundo.
Y lo construyan bello.
Y que me alegro mucho
de que ya no conozcan
injusticias
            tan hondas y abundantes.

                          is the habit.
Man loses his humanity.
And the enormity of others' pain
has no importance for him.
                              And he eats
                              and laughs
and forgets it all.
I don't want
these things
              for my country.

I don't want
these things
              for anyone.
I don't want
these things
              for anyone in the world.
              And I say it
because sorrow
              should wear
its halo clearly established.

This is the free world, they say.

Now look at me
and tell your friends
that my laugh
has become a grotesque grimace
in the middle of my face
and that I say love your world
and make it beautiful
and that I'm very happy
you no longer know
such deep and abundant
                          injustice.

—*trans. by Barbara Paschke*

INTELECTUALES APOLITICOS

Un día,
los intelectuales
apolíticos
de mi país
serán interrogados
por el hombre
sencillo
de nuestro pueblo.

Se les preguntará,
sobre lo que hicieron
cuando
la patria se apagaba
lentamente,
como una hoguera dulce,
pequeña y sola.

No serán interrogados
sobre sus trajes,
ni sobre sus largas
siestas
después de la merienda,
tampoco sobre sus estériles
combates con la nada,
ni sobre su ontológica
manera
de llegar a las monedas.
No se les interrogará
sobre la mitología griega,
ni sobre el asco
que sintieron de sí,
cuando alguien, en su fondo,
se disponía a morir cobardemente.
Nada se les preguntará
sobre sus justificaciones
absurdas,
crecidas a la sombra
de una mentira rotunda.
Ese día vendrán
los hombres sencillos.
Los que nunca cupieron

APOLITICAL INTELLECTUALS

One day,
the apolitical
intellectuals
of my country
will be interrogated
by the humblest
of our people.

They will be asked
what they did
when their country was slowly
dying out,
like a sweet campfire,
small and abandoned.

No one will ask them
about their dress
or their long
siestas
after lunch,
or about their futile struggles
against "nothingness,"
or about their ontological
way
to make money.
No, they won't be questioned
on Greek mythology,
or about the self-disgust they felt
when someone deep inside them
was getting ready to die
the coward's death.
They will be asked nothing
about their absurd
justifications
nurtured in the shadow
of a huge lie.

On that day,
the humble people will come,
those who never had a place
in the books and poems

en los libros y versos
de los intelectuales apolíticos,
pero que llegaban todos los días
a dejarles la leche y el pan,
los huevos y las tortillas,
los que les cosían la ropa,
los que les manejaban los carros,
les cuidaban sus perros y jardines,
y trabajaban para ellos,

                              y preguntarán,
"¿Qué hicisteis cuando los pobres
sufrían, y se quemaba en ellos,
gravemente, la ternura y la vida?"

Intelectuales apolíticos
de mi dulce país,
no podréis responder nada.

Os devorará un buitre de silencio
las entrañas.
Os roerá el alma
vuestra propia miseria.
Y callaréis,
                    avergonzados de vosotros.

of the apolitical intellectuals
but who daily delivered
their bread and milk,
their eggs and tortillas;
those who mended their clothes,
those who drove their cars,
those who took care of their dogs and gardens,
and worked for them,
and they will ask:
"What did you do when the poor
suffered, when tenderness and life
were dangerously burning out in them?"

  Apolitical intellectuals
of my sweet country,
you will have nothing to say.

  A vulture of silence
will eat your guts.
Your own misery
will gnaw at your souls.
And you will be mute
in your shame.

—*trans. by Francisco X. Alarcón*

HOLOCAUSTO DEL ABRAZO

Yo, que amo como nadie la poesía,
que comprendo la tristeza de un árbol;
el dolor de un poeta, su inmensidad
condenada al recipiente chico;
su ir y venir del sueño al desvelo;
su galope loco por los territorios,
donde la estrella habla,
el fuego embiste
y la vida y la muerte
son amantes del ciclón y del cisne;
yo, no puedo llegar a abrazar
a todos los poetas;
oír como crece la hierba azul
de la poesía desde su alma;
navegar por los ríos
escondidos en sus manos;
oír como cae el viento
en el desfiladero
de sus palabras más amargas;
nacer también desde su pecho
como una rosa oscura y anónima
y decirle al tímido: tomad
mi brazo, marcharemos juntos.
Y hacerle sentir el resplandor
de la amistad más ancha,
para que sea menos su dolor;
su agónico paso por el mundo.
Y enseñarle al triste
la bella cintura de la risa,
para que su tristeza
sea dulce lámpara amorosa
y no lirio que se apaga
cuando la soledad se enciende.
Y al poeta de vigorosos aceros
cultivarle en el pecho
la rosa más bella y más grande
para que no pase por el mundo
con la pupila ciega
y la ternura coja
y sepa amar la vida

HOLOCAUST OF THE EMBRACE

I, who love poetry like no one,
understand the sadness of a tree;
the sorrow of poets, their vastness
condemned to a small vessel;
their coming and going from dream to wakefulness;
their mad gallop over lands
where stars speak,
fire assaults,
and life and death
are lovers of cyclone and swan;
I cannot hope to embrace
all poets,
hear how the blue grass
of poetry grows from each soul;
navigate the rivers
hidden in their hands;
hear how the wind falls
in the narrow pass
of their most bitter words;
be born from their breasts
like a dark anonymous rose
and say to the timid: take
my arm, we will walk together.
And make them feel the splendor
of the most ample friendship
so their pain may be less;
their dying steps in the world.
And show to the sad
the beautiful waist of laughter
so their sadness
may be a soft loving lamp
and not a candle put out
when loneliness is lit.
And for the poets of vigorous swords
cultivate in their breasts
the biggest most beautiful rose
so they won't pass through the world
with blind eye
and crippled tenderness
and will know how to love life
where it rises

donde la misma surge
con su rostro flameante.
Y entender a todos
y a todos decirle: vive,
porque la vida
es la poesía más alta.

VIEJA PREGUNTA

Es el verano
en ti.
En tus ojos.
En tu boca.
En las ciudades
y campos
extensos de tu piel.
Así, dulce colina mía,
estás ahora,
dócilmente tendida,
bajo el ávido
aire
de mis manos.

Es la orilla
de un lago berlinés,
y ahí nosotros
sobre la arena,
como el sol.
Hasta ese recodo
no se atreve el agua.
Sus alas,
grises,
se cierran de pronto

with its flaming face.
And understand everyone
and say to them all: live,
because life
is the highest poetry.

—trans. by Barbara Paschke

ANCIENT QUESTION

It is the summer
in you.
In your eyes.
In your mouth.
In the cities
and spacious fields
of your flesh.
Like this, my sweet hill,
you lie,
spreading gently
beneath the avid
air
of my hands.

It is the edge
of a lake in Berlin,
and we're there
upon the sand,
like the sun.
The water dares not
touch that bend.
Its grey
wings
close suddenly

sobre la playa,
lejos aún
del sitio donde estamos.

Es entonces
cuando me pregunto,
¿qué vendrá después de ti?
Yo sé, es una vieja pregunta
hecha hace miles de años
por el mismo dolor.
Pero, según dicen,
nadie respondió nunca,
ni siquiera la soledad.

Pero yo no soy
como los primeros
enamorados
que existieron,
yo sí te negaré al olvido.

Estarás siempre conmigo.

Así como ahora,
que cantas todas verano
bajo estas manos simples
que te escuchan todavía,
dulce colina mía.

upon the beach,
distant yet
from where we are.

Then
I ask myself,
what will become of you?
It is an age old question, I know,
asked thousands of years before
by the same sorrow.
But, they say,
no one ever answered,
not even loneliness.

But I am not
like the first
lovers
that ever lived,
I will deny you oblivion.

You will always be with me.

As now,
when you sing summer
beneath these simple hands
that still hear you,
sweet hill of mine.

—*trans. by Tina Alvarez Robles*

DOMINGO POR LA TARDE EN LA CIUDAD

Seguramente
has visto
cómo ha cambiado
el mundo
en este tiempo.

Cómo la ciudad
se vuelve tan chiquita para ti
y tu intranquila pupila.
Cómo te cansa y aburre
lo que a mí me duele y fastidia.
Y cómo te falta,
verdad,
el labio que despertó
los besos en tu boca,
enterrando tu infancia
en su saliva voraz.

Luego uno se vuelve viejo.
Y la piel y el alma
comienzan a ser graves.

Tú deberías,
por eso,
armarte de coraje,
y marcharte,
hacia países lejanos y sonoros.
Y volver,
después de mucho tiempo
y mucha vida gastada,
a caminar conmigo,
bajo las altas y dulces
jacarandas, tan llenas
de sabor a viernesanto,
para entender
la gravedad que va conmigo
y que aún no entiendes,
por ahora,
          a pesar de tu frío.

SUNDAY AFTERNOON IN THE CITY

Surely
you have seen
how the world
has changed
in these times.

How the city
becomes so small for you
and your frantic eye.
How what tires and bores you
hurts and irritates me.
And how you miss,
don't you,
the lips that awakened
kisses on your mouth,
burying your childhood
in its voracious saliva.

Then one grows old.
And flesh and soul
begin to falter.

That's why
you should
arm yourself with courage,
and take off
toward distant and sonorous countries.
And return
after having spent
much time and life
to walk with me
beneath the tall and sweet
jacarandas, so full
of Good Friday flavor,
to see
the weight that goes with me
which now,
despite your coldness,
                    you still don't understand.

—*trans. by Juan Felipe Herrera*

CELOS SERAN TAL VEZ

Me torturan
los anónimos besos,
ciegos,
que a veces
encuentro
en tu saliva,
clamando por tus labios.

Sabes
que no me importa
nada más de lo que eres.
De lo que dicen tus ojos
cuando están habitados
por mi dolor y mis fatigas;
cuando cae mi frente
víctima de tus manos.

Tú has llegado antes.
Después fue que vino
mi pecho
a descansar en tus playas,
sin preguntar a nadie,
dónde antes vivía
tu boca.

Ahora puedo besarte,
amor mío,
y romper a llorar
después
sobre los apagados
luceros,
que perviven
en tu alma.

Celos serán tal vez
de tus primeros labios.

Pero en el frío
del mundo
cobijaste mi alma,
tal vez,
¡quién sabe!,

JEALOUSIES, PERHAPS

I'm tortured
by the blind anonymous
kisses
that I
sometimes find
in your saliva,
pleading for your lips.

You know,
nothing matters to me more
than what you are now,
what your eyes say
when they're occupied
by my fatigue, my pains;
when my head falls
victim to your hands.

You arrived first.
Afterwards, my breast
came
to rest on your beaches
without asking anyone
where your mouth
had lived before.

Now I can kiss you
my love,
and break down crying
afterwards
over the extinguished
stars
remaining
in your soul.

Jealousies, perhaps
of your first lips.

But in the cold
of the world
you covered my soul,
perhaps,
who knows!

con el calor
aprendido
en otras bocas.

DURAN TODO EL AÑO

1.
Las flores en Berlín
desaparecen
cuando llega el otoño
ladrando en amarillo.
Algunas
se quedan, valientes
y atrevidas que son,
pero sólo soportan
un poco el frío viento
del invierno.

Luego no queda nada,
sino la nieve y la nieve.

Arriba, en la memoria
de los hombres,
los colores comienzan
entonces a volverse grises,
y uno daría gustoso
un poco de su larga tristeza
por unos cuantos tulipanes.
Así sucede en Berlín
el invierno,
me dices,
y tu mano busca
en mis cabellos

with the heat
learned
from other mouths.

—*trans. by Alejandro Murguía*

THEY ENDURE ALL YEAR

1.
Flowers in Berlin
disappear
when autumn arrives
barking in yellow.
Some remain,
they are valiant
and bold,
but can withstand
very little
of the chilly winter wind.

Then nothing is left,
only snow and more snow.

In people's memory
colors then begin
to turn grey,
and one would gladly give
a little of one's long sadness
for just a few tulips.

That's winter
in Berlin,
you tell me,
and your hand searches
in my hair

el punto en lucero
que le falta a tu relato.

2.

¿Nos quedaremos
sin flores mucho tiempo?,
pregunto, y por primera vez
en todos estos años
las flores cobran para mí
la importancia que siempre
les estuve negando, sin duda
por estúpido que he sido.

Ahora que nevar será la moda
nos quedaremos
mucho tiempo sin flores,
me respondes, y yo me alegro
entonces tanto de tu rostro,
que casi ya no entiendo
la ausencia del pétalo despierto.

3.

De pronto me acuchillan
ciegamente tus palabras.
He oído decir, me dices,
que la primavera de tu patria
es un suceso eterno y alegre.
Herido como estoy, entonces,
de tanta lejanía, contesto
prontamente. Es cierto,
digo, sea el tiempo que sea,
las flores son en mi país
como el hambre:

                    duran todo el año.

Y tú sólo respondes: amor,
ponte el abrigo, que sufres
de seguro mucho frío.

for the point of a bright star
missing from your story.

2.
Will we be
without flowers for long?
I ask, and for the first time
in all these years
flowers acquire
an importance for me that
I always denied them, doubtless
because of my own stupidity.

Now that snow will be the norm
we will be without flowers
for a long time, you respond,
and your face gives me
so much joy
that I scarcely notice
the absence of the full-blown flower.

3.
Suddenly your words
stab me blindly.
I have heard, you tell me,
that springtime in your country
is an eternal and joyful event.

Wounded as I am, then,
by such distance, I answer
quickly. It's true,
I say, whatever the season
the flowers in my country
are like hunger:
                    they endure all year.

And you only respond: my love,
put on your coat, you are
surely much too cold.

—*trans. by Tina Avila*

EN UNOS MESES MAS

Este árbol sin hojas
se llenará de pájaros
en primavera.
Y el humo habrá perdido
su juventud entre las nubes.
La calle, hoy fría y rápida,
andará más lenta en verano,
más llena de mi ausencia que nunca.
Y ese niño será una estación
más viejo que ahora.
Quizá en abril ya tenga miedo
de los enormes perros
que acaricia en noviembre.
Y el anciano que nos mira,
tal vez te mire después
desde la estrella más distante
o desde la fresca presencia
de una flor, que aún debe ignorar
que nacerá de ojos tan adultos.

Pero nadie, amor mío, nadie
te verá desde su corazón en llamas,
sufriendo como un astro herido y lejano.
Sin alba, sin flor, sin golondrina.
Ajeno al pulso del viento
que guarda también tu cabellera.
De frente a frente
con su hallazgo de ausencias.

Habrá pasado
        mucho
            puente,
entonces,
sobre el agua de los ríos.
Y a tu caricia le faltará mi pecho.
Y a mi ternura le sobrarán sus vientos.

IN A FEW MORE MONTHS

This leafless tree
will be filled with birds
in spring,
and smoke will have lost
its youth among the clouds.
Swift and cold today,
the street will move slower in summer,
more crowded than ever by my absence.
And that child will be a season
older than now.
Perhaps in April
he'll fear the enormous dogs
he may be caressing in November.
And the old man who is looking at us
will then, perhaps, be looking at you
from a more distant star
or from the fresh presence
of a flower that musn't know
that it will be born from such adult eyes.

But no one, my love, no one
will see you from their flaming heart
suffering like a distant, wounded star;
dawnless, flowerless, without a swallow:
a stranger to the wind's pulse
that safeguards your hair
face to face
with its discovery of absences.
By then,
       many bridges
               will have cut across
the flow of rivers.
Your embrace won't find my breast.
My tenderness will be left to the winds.

—trans. by David Volpendesta

DUELE MENOS ESTAR SOLO

Creo
que duele menos
estar solo
con tu recuerdo,
bajo este cielo
duro,
bajo este viento
espeso,
bajo miradas
agudas
que preguntan:
"¿Por qué sufren
tus manos
en las tardes?
¿Por qué no vienes,
sin la hoguera
de su pecho
lejano,
y te diviertes
con nosotras?"

Poder
asirse el alma,
sería eso.
Y renunciar
para siempre
al sitio
donde me espera
el viento
acariciando tus cabellos.

Lo sabes.

Contigo
no me cabe el mundo
en las venas.
Pero sin ti
soy demasiado pequeño,
para esta calle
de labios grises.
Créeme, tu ausencia quema,

IT HURTS LESS BEING ALONE

I believe
that it hurts less
to be alone
with your memory,
below this hard
sky,
below this thick
wind,
below sharp
glances
that ask:
"Why do your hands
suffer
in the afternoons?
Why don't you come
without the blaze
of her distant
breast,
and enjoy yourself
with us?"

That would be
the power
to tie up one's soul,
and renounce
forever
the place
where the wind
awaits me
caressing your hair.

You know it.

With you
the world doesn't fit
into my veins.
But without you
I'm extremely small
for this street
of grey lips.
Believe me, your absence burns,

alma mía.
Y tu recuerdo duele.
Ahora soy, por ejemplo,
el esqueleto
de una casa incendiada,
que se duele
en el fondo de la ceniza
Y grito: "Llevadme llamas
con vosotras, a cualquier parte.
No me dejéis ardido
de escombros.
Llevadme, en vuestros lomos,
porque me duele
el calvariento recuerdo
de los pájaros que cantaron
en mi techo, por las tardes".

Y solo pasa el humo,
frente a mis manos
que claman sin escuchas.

Así todos los días,
amante mía.

Créeme, pero me duele
más tu recuerdo,
amor mío,
que mi vencida soledad.

my love,
and your memory hurts.
For example, now I am
the skeleton
of a house on fire
that aches
inside a well of ashes.
I scream: "Flames, take me
with you. Anywhere.
Don't leave me singed
with rubbish.
Take me on your shoulders
because this calvaried memory
of birds singing
on my roof in the afternoons hurts me."

And only smoke trails by
my hands
that plead without anyone listening.

It's like this every day,
my love.

Believe me, my love,
your memory
hurts more
than my conquered solitude.

—*trans. by Juan Felipe Herrera*

EBRIO

Quizá
nunca lleguemos
de verdad a estar solos.

A veces basta un libro,
un mar olvidado,
perdido no sé donde en el pasado.
O tal vez un árbol, junto a la ventana,
donde solían cantar las estaciones.
O la lejana voz de los tranvías.
O también el viaje aquel,
que nunca se logró llevar a cabo.
Un río quizá, tranquilo y dulce,
que siempre se quiere llamar Spree.
O un restaurante, en alguna parte de Berlín
en donde el amor construyó recodos
para el fuego de su más alta ternura.

A veces basta una palabra,
un niño perdido
que sale de la niebla y nos habla
y cuyo idioma nosotros no entendemos.
O un cuarto en el segundo piso,
adornado con cuadros de Degas y Monet,
de Masserel y Picasso,
de Orozco y Rivera,
y el recorte de periódico
con el entierro del amigo,
asesinado por la policía de mi país
porque quería tanto a su patria.
A veces lo fugaz de un farol,
iluminando mi alma desde el fondo de tus ojos.
O un silencio repentino
quebrado en la cruz de una sonrisa.
O la lágrima quizá,
muriendo en los brazos de mis labios.
Algo pequeñísimo basta a veces,
para saber que nunca estamos solos.

Así no estoy solo en esta noche.
En esta vasta y silenciosa sombra,

INTOXICATED

Perhaps
we never
really end up alone.

Sometimes a book's enough,
a forgotten sea,
lost who knows where in the past.
Or maybe a tree, beside the window,
where the seasons used to sing.
Or the distant voice of the streetcars
or that trip
that was never taken.
A river, perhaps, peaceful and soft,
that is always called the Spree.
Or a restaurant, in some part of Berlin,
where love built nooks
for the fire of its highest tenderness.

Sometimes a word is enough,
a lost child
who comes out of the fog and speaks to us
in a language we don't understand.
Or a room on the third floor,
decorated with prints of Degas and Monet,
of Masserel and Picasso,
Orozco and Rivera,
and the newspaper clipping
of the burial of a friend
assassinated by the police in my country
for loving his homeland too much.
Sometimes the glint of a street lamp,
illuminating my soul from the depths of your eyes.
Or a sudden silence
broken in the cross of a smile.
Or a tear, perhaps,
dying in the limbs of my lips.
The smallest thing is enough at times,
to remind us we're never alone.

And so I'm not alone tonight.
In this vast and silent shadow,

en la que veo, profundamente ebrio,
en el puerto aurorizado de mi sange
el barco iluminado de tus ojos.

ANTONINO, EL POETA

Cuando Espartaco
se levantó
contra los poderosos
patricios de la Roma
imperial,
se llegó hasta él,
según dicen las crónicas,
un hombre llamado
simplemente Antonino,
poeta de la más honda
estirpe,
y le dijo que quería luchar
también por los esclavos.

Viendo el atardecer
desde la falda callada
del Vesubio,
Espartaco
dijo al joven Antonino:
"Enséñanos mejor tu canto,
Antonino,
luchar lo puede hacer
cualquiera,
pero nadie como tú,
para hacer de las palabras
las alondras azules
que tanto necesitan
aún nuestros hermanos".

Y Antonino respondió:

in what I see, profoundly drunk,
in the dawning door of my blood:
the illuminated ship of your eyes.

—*trans. by Barbara Paschke*

ANTONINO THE POET

When Spartacus
rose against the powerful
nobles of Imperial
Rome,
there came to him,
so say the chronicles,
a man named
simply Antonino,
a poet of the strongest reputation,
and he told Spartacus he also wanted to struggle
for the slaves.

Seeing that evening was coming
from the quiet sloping hillsides
of Vesuvio,
Spartacus
told the young Antonino:
"Better yet, show us your song,
Antonino,
the struggle can be carried out by anyone,
but no one but you
can create from words
the beautiful blue birds
that our brothers need
so very very much."

And Antonino responded:

"Las aves de más dulce canto,
Espartaco,
defienden su libertad
también con garras".

Aquel día,
a lo lejos,
la tierra romana
recibía en estupenda
madurez
al más bello verano
de aquel tiempo.
Y el viento
ya pasaba, entonces,
por aquellos lugares
y seguiría pasando
toda la vida.
El cielo, ancho y celeste,
estaba todo lleno de ojos,
que leían en él una sola
y colosal palabra: esperanza.

Y los árboles, verdes aún,
quizá oían, por primera vez
en su vida romana,
que los desamparados del mundo
le ponían un no rotundo
al sistema del hambre y el odio,
y exigían, guerrilleros que eran,
también su libertad con armas.

Espartaco, dicen, volvió su rostro
hacia la más lejana lejanía
y nadie supo jamás
lo que aconteció en su corazón
aquella tarde, cuando hablara
con el poeta Antonino.

Pero cuando Espartaco
fue crucificado,
informan las crónicas
más antiguas,
junto a miles de los

"Even the birds with the sweetest song,
Spartacus
defend their freedom
with their talons."

That day, in the distance,
the Roman earth
received a stupendous
and ripe summer,
it was the most beautiful
of that era,
and the wind
passed then,
through those places
as it would always continue to pass.
The sky, wide and celestial,
was filled with eyes
that saw written
in that sky a single,
colossal word: Hope.

And the trees, still green,
perhaps heard for the first time
in their Roman life,
that the abandoned and helpless of the world,
were arranging a sonorous and full end
to the system of hunger and hate,
and they demanded, guerrillas that they were,
their freedom with weapons in hand.

Spartacus, they say, turned his face
toward the remotest, most distant place
and no one ever knew
what event occurred in his heart
that evening when he spoke
with the poet Antonino.

But when Spartacus was crucified,
the most ancient
chronicles inform us,
next to thousands of his
people,
who were crucifed

suyos,
que también fueron
crucificados como él,
Antonino, el poeta,
le decía
que había sido hermoso
luchar,
porque un día serían libres
los esclavos en el mundo.

Espartaco no dijo nada
la última tarde de su vida,
pero el viento, dicen,
se llevó en sus manos aéreas
el último gesto gallardo
de sus labios: esperanza.

LOS ALBAÑILES

1.
Desde
los edificios altos
una canción de mi país
abre su pecho y desemboca
al viento su ráfaga de albañiles
para decirle al universo musical
que no ha muerto la esperanza
en el corazón de los obreros...

La mirada azul del viento
alumbra cotidianamente los rostros
de los sencillos albañiles compañeros,
que empujan la canción de mi país
hacia la inmensa flor de la sonrisa
que los espacios mantienen encendida.

Los albañiles que en la tierra lloran,

with him,
Antonino the poet
told him
that it had been a beautiful struggle
because one day all the slaves
in the world would be free.

Spartacus said nothing
that last evening of his life,
but the wind, they say,
took in its airy hands
the last gallant gesture
from his lips: HOPE

—*trans. by Wilfredo Q. Castaño*

THE BRICKLAYERS

1.
From
the tall buildings
a song of my country
opens its heart and spills
its bricklayer lightning into the wind
to tell the musical universe
that hope hasn't died
in the heart of the workers...

The blue gaze of the wind
daily lights the faces
of the simple bricklayer compañeros
who raise the song of my land
toward the vast flower of the smile
that space keeps lit.

The bricklayers who cry on earth

en la boca del viento se sonríen...

2.
Amo la estatura de aire enamorado
que los albañiles andan portando
debajo de sus ropas remendadas.
Amo la frente que choca contra el suelo
sin saber ni cómo ni dónde ni por qué
ni en qué minuto fatal se quiebra el grito
sobre la engusanada conciencia del patrono,
ni por qué cuando los albañiles fallecen
hay una peregrinación de pájaros enlutados
hacia el rostro cipresal del cementerio,
ni el motivo atroz de condenar al pobre
a ser el perenne perro de los ricos.
Y odio en furia indetenible, feroz,
que se pretenda amaestrar al hombre
sólo porque es pobre y tiene hambre
y trabaja de albañil en donde sea
por unos pocos centavos miserables.
Y odio al tiempo que nos muerde duro,
porque hay días terriblemente amargos,
días nacidos más allá del llanto,
días de malos y negros sentimientos,
días que caen con los albañiles
desde el último piso de su vida
hasta el tacto fúnebre de la muerte.
Allí es donde mi esqueleto juega
una partida original y dolorosa,
porque es mi frente la que choca
contra la apretada lágrima del asfalto
y por la herida se me escapan volando
los últimos trinos de mi sangre...

3.
Sin embargo, yo os digo, albañiles,
aéreos compañeros de los astros,
padres que coronan de ternura
la parte alta de los edificios,
que pronto sabréis qué se siente
cuando se crece entre jardines.

smile in the mouth of the wind...

2.
I love the stature of enamored air
the bricklayers carry
under their mended clothes.
I love the forehead that hits the ground
without knowing how or where or why
or in what fatal moment its cry will break
on the wormy conscience of the boss,
nor why when bricklayers die
there is a pilgrimage of birds in mourning
to the cypress grove at the cemetery entrance,
nor the hideous reason the poor are condemned
forever to be the dogs of the rich.
And I hate with unstoppable, ferocious rage
the attempt to break a man down to a job
just because he's poor and hungry
and works as a mason wherever he can
for a few miserable *centavos*.
And I hate the time which bites into us hard,
because there are terribly bitter days,
days born beyond lamenting,
days of dark and evil sentiments,
days that fall with the masons
from the last storey of their lives
to the funereal touch of death.
That's where my skeleton plays
an original and painful game,
because it's my own forehead cracking
against the pressed teardrop of the pavement
and out of the wound the last warblings
of my blood make their escape in flight...

3.
And yet I'm telling you, bricklayers,
aerial *compañeros* of the stars,
fathers who crown the tallest
buildings with tenderness,
that soon you'll know what it feels like
to grow and thrive among gardens.

—*trans. by Stephen Kessler*

LA LIBERTAD, DICES

La libertad,
me dices,
es lo más bello
que existe
en nuestro joven
planeta.
Sin ella
no se puede vivir;
es como el oxígeno
del alma.
Si tú la tienes,
ya no la puedes
perder,
porque te morirías
de tan inmenso dolor.
Ella no se conquista.
Se lleva sencillamente,
como la tarde,
en el fondo del corazón.

Pero yo que vivo
y sufro mi país
como ninguno,
no estoy de acuerdo
contigo.
Los hombres de aquí
no han sido libres jamás.
A muchos ya ni les importa
si la cadena es gruesa
y más gruesa cada día.
No les conmueve saber
que la patria
como una triste y dulce
golondrina,
agoniza lentamente,
rodeada por el frío
y la miserable indiferencia
de sus hijos.

Ni tú conoces,

LIBERTY, YOU SAY

Liberty,
you tell me,
is the most beautiful
thing that exists
on our young
planet.
You can't
live without it;
it's like the oxygen
of the soul.
If you have it,
you can never
lose it,
for you would die
from such immense pain.

It is not conquered.
It is carried humbly,
like an afternoon
in the depths of the heart.

But I who live
and suffer my country
like no one else,
I do not agree
with you.
The people here
have never been free.
For many it no longer matters
if the chain is thick
and gets thicker daily.
It doesn't move them to know
that their country,
like a sad, sweet
swallow
slowly agonizes,
surrounded by the cold
and miserable indifference
of her children.

You also don't

además,
la torpe dictadura
que sufrimos en mis país.
Ni has perdido
jamás tu libertad.

Y tu risa,
es la más alegre
de todas las risas
que conozco.
Tu patria
es ya un suceso
de simples madrugadas,
que canta en alba
para ti y los tuyos.

Pero algún día
nosotros
también
seremos libres.
Entonces,
tendremos
que defender
todos los días
nuestra libertad,
haciendo roncos sacrificios
de ternura y bondad.

En nosotros
está la libertad,
como en la noche
la aurora,
y de nuestra
atronadora voluntad
está marcada ya
la digital
de su rostro.

También a la libertad
hay que acostumbrarse
para amarla,
y se la debe cuidar

know
the brute dictatorship
we suffer in my country.
Nor have you ever
lost your freedom.

And your laughter
is the happiest
of all the laughter
I know.

Your country
is now a series
of simple mornings
that sing at sunrise
for you and yours.

But one day
we
will
also be free.
Then
we will have
to defend
our liberty
every day,
making deep sacrifices
of tenderness and kindness.

Liberty is
within us,
like the night
is in the dawn,
and by our
resounding will
the digits
of her face
are already marked.

You must also
get used to freedom
in order to love it,
and to guard it

cada segundo,
porque durante mucho
tiempo
se la busca,
para matarle a golpes
su suave y claro
corazón de multitudes.

Pero ante todo,
cuando no se la tiene,
cuando no se conocen
los gestos peculiares
de su rostro,
entonces se debe luchar
por encontrarla,
por liberarla
de la más honda tiniebla.
Así la libertad
es el logro estupendo
de los que nunca
han sido libres de verdad.
Y una vez alcanzada,
su acción
debe repetirse
durante toda la vida.

every second,
because it's been
hunted
for a long time
so that its smooth, clear
heart of multitudes
could be clubbed to death.

But above all,
when you don't have it,
when you don't know
the particular details
of her face,
then you should fight
to find her,
to liberate her
from the darkest shadows.
This way, liberty
is the triumph
of those who
have never been truly free.
And once achieved,
they should repeat
the action
every day of their life.

—*trans. by Alejandro Murguía*

ROSTRO COMUN

Hoy palpo alegremente un rostro
formado de rostros diminutos:
palpo el gran rostro común.
Veo rostro y rostro caminando,
- como dos tempestades enemigas
al divino encuentro del rayo -,
hacia el agudo rostro padre
formado de hombres que moran
callados en el hambre, descalzos
de besos, recuerdos y deseos.
El gran rostro común camina
como un hombre gigantesco
hecho de pueblo y primavera,
de acero y sangre, de aurora
y llanto martirizado en balde,
pero camina dos a dos los pasos
uno a uno todos los peldaños,
nada a nada el retroceso!
(Ese gigantesco rostro común
se parece a sí mismo y a la vida
de todos los hombres de la tierra
y está formado a golpes de miseria
con duros chispazos de amistad.)
(Yo todavía enciendo la tristeza
cuando veo rodar la sal amarga
sobre la carcomida miseria
de los hombres solitarios.
Yo todavía sufro mi dolor presente
cuando veo caminar el hambre
sobre los barrios pobres
de mi pequeño país.
Yo todavía lloro largos sufrimientos
cuando oigo toser a los obreros
y una larga pena de sangre
brota retumbando de sus pulmones
como cuervos de rabia.
Yo todavía sufro y me derrumbo
como un acantilado de sal profunda,
pero me levanto luego con mi rostro
para unirlo al gran rostro común

COMMON FACE

Today I joyously touch a face
formed of tiny faces,
I touch the great common face.
I see face and face walking,
—like two enemy tempests
to the divine encounter of the lightning bolt—
toward the chiseled father countenance
formed of men living mutely
in hunger, barefoot of kisses, memories and dreams.
The great common face walks
like a giant man
made of people and spring,
of metal and blood, of dawn
and tears martyred in vain,
but his footsteps go two by two
taking the stairs one by one
with no retreat.
(That gigantic common face
resembles itself and all the people
of the earth, and it is made by
blows of desolation with
solid sparks of friendship.)
(I still kindle sorrow
when I see bitter salt roll
upon the decayed poverty
of solitary men.
I still suffer my present pain
when I see hunger stalk
the poor neighborhoods of my tiny country.
I still cry eternal suffering
when I hear workers cough
and a drawn bloody sorrow
bursts thundering from their lungs
like raging crows.
I suffer still and crumble
like a cliff of thick salt,
but I stand and lift my face
to blend it with the great common face
built of profound faces
that suffer without the harvest of the land.)

formado de todos los hondos rostros
que sufren sin la cosecha de la tierra.)
Subo camino del gran rostro común
y su alegría me llueve sobre la garganta
acostumbrado como nadie a la tristeza,
porque todavía sangro y sufro y lloro
con mi gesto de abismo demudado. Y, solo,
me disuelvo la frente en la tiniebla.
Pero subo camino del rostro común
con una gran eclosión de luchas.
-¡Oh, rostro grande como lo primavera,
noble como el trigo, dulce como el maíz!
¡oh padre del aire y de los templos,
constructor de las piedras sonoras!
¡oh hacedor de todo cuanto existe:
sálvame del llanto y la miseria!
Búscame tu fluvial cosecha de sonrisas
para ser feliz de haber nacido ahora
y en el preciso minuto de mi propio siglo -,
pero subo camino del rostro común
y conmigo marchan muchos hombres.
¡Oh gran rostro común!, padre y más padre
temblando de amor sobre las nuevas piedras,
cada día me acerco más a tu ternura!

I go the path of the great common face
and its ecstasy rains on my throat
so accustomed to grief,
because I bleed and endure and cry still,
with my semblance of disguised torture. And, alone,
I dissolve my forehead in the dark.
But I go the path of the common face
with a great echoing of battles.
—Oh, great countenance like the spring,
noble like the wheat, sweet like the corn!
Oh father of the air and of the temples,
builder of solid stones!
Oh Maker of all that exists:
save me from misery and weeping.
Find me your riverine harvest of smiles
that I may rejoice to have been born
now and at this precise moment of my century,
but I go the path of the common face
and with me march many.
Oh Great Common Face! Father and father again
upon the newborn stones I tremble with love,
each day nearing more and more your tenderness!

—*trans. by Tina Alvarez Robles*

ALAS DEL CANTO

El polen
abre sus alas
en el campo y canta.
La piedra,
elevada
a las alturas
por la mano del hombre,
canta.
El albañil,
director de los vientos,
construye un edificio
mientras silba.
El niño
aprende
la palabra paloma
y la sitúa
amorosamente
en la astrología
de sus dulces canciones.

Canta
la pupila azul
de las obreras,
cuya emoción más alta
reside
en la sonrisa profética
del triunfo,
en la inconmovible
seguridad
de que sus manos
elaboran
la más ancha victoria
de su pueblo.

Ríe,
con júbilo,
el alba
en los caminos,
cuando desatan
los campesinos
la tormenta vital

WINGS OF THE SONG

The pollen
spreads its wings
in the fields and sings.
Lifted
on high
by man's hand,
the rock
sings.
Whistling, the mason,
director of the wind,
constructs a building.
The boy
learns
the word dove
and places it
lovingly
in the astrology
of his sweet songs.

The blue pupil
of the workers
sings,
their strongest emotion
lives
in the prophetic smile
of triumph
in the unyielding
certainty
that their hands
are building
the broadest victory
of their people.

The dawn
laughs with joy
in the roadways;
the farmers
spill the vital storm
of the seed,
in whose brilliant
lightning

de la semilla,
en cuyos fulgurantes
relámpagos
radica la más honda
justificación de la alegría.

Todo se orienta a la canción
en esta parte de Alemania.

NIÑOS BERLINESES

*A Hans Bartsch, quien tanto ha
luchado por el derecho de los
niños a un mundo mejor y más
noble.*

Desde el cuarto
donde bebo
un orquestado coñac,
oigo,
como en la calle
del Berlín Oriental
en donde vivo
los niños
juegan y se alegran
de ser niños,
puros y extensos,
como el alma
olorosa
de un eucalipto
meridional.
Oigo
sus risas.
Sus cantos,
suaves y dulces,
como el cabello
que guarda

lays the deepest
justification of joy.

Everything turns to song
in this part of Germany.

—*trans. by Magaly Fernandez
& Tina Alvarez Robles*

BERLIN CHILDREN

*To Hans Bartsch, who has fought
so much for the right of children
to a better and more humane world.*

From the room
where I am drinking
an orchestrated cognac,
I hear,
out in the streets
of East Berlin
where I live,
children
playing and rejoicing
at being children,
pure and spacious
like the perfumed
soul
of a southern
eucalyptus.
I hear
their laughs,
their songs,
soft and sweet
like the hair
that holds back

muchísimos inviernos
en su blanco atardecer.
Me alegran
mucho
sus pequeñas disputas.
Ellas
siempre terminan
con el olivido
como el amor.

Un día,
pienso,
pequeños berlineses
haréis larguísimas
listas
de vuestras nuevas
victorias,
corrientes y bellas
como el amanecer
en cualquier sitio
de la tierra.

Mientras tanto
jugad.
Soltad al viento
vuestras risas.
Navegad
en alta calle.
Descubrid ahí,
palmo a palmo,
vuestra vocación
de grandeza.

Pero cuando
seáis grandes,
hombres
llenos de avenidas,
metros,
edificios,
libros,
aventuras,
no olvidéis

a great number of winters
in its whitish dusk.
Their little disputes
make me
very happy.
They
always end up
in oblivion
like love.
One day,
I think,
little Berliners,
you will hold
very long lists
of your new victories,
stark and beautiful
like the sunrise
in any place
on this earth.

In the meantime,
play.
Let your laugh
go to the wind.
Sail
up the streets.
Find in there,
inch by inch,
your vocation
to greatness.

But when you mature
and turn into
men,
loaded with avenues,
subways,
buildings,
books,
adventures,
don't forget
your ancestors.
They made possible

a vuestros antecesores.
Ellos hicieron posible
vuestra risa de niños,
vuestra bondad de hombres.
De corazón lo hicieron,
con su arduo trabajo cotidiano,
en tiempos duros,
ásperos,
difíciles para el amor
y graves para vivir.
Entonces, sólo había una vaga
esperanza: vuestra niñez.
Y una sola seguridad:
vuestra victoria,
la gran victoria
de todos y de siempre.

Ahora reíd,
jugad
ahí abajo, en la calle,
niños berlineses,
que con vosotros
ríe y juega
también
mi corazón del sur,
en este oriente del Berlín
que tanto amo y amo.

your laughs as children,
your kindness as men.
They did it with their hearts,
with their arduous everyday work,
in tough, rough
and difficult times for loving,
in harsh times for living.
In that time, there was only
a vague hope: your childhood.
And only one reassurance:
your victory,
the great victory
of each of us and of all times.

Now, laugh,
play
down there, on the streets,
Berlin children,
that my southern heart
is also out there
playing and laughing with you
in this eastern part of Berlin
that I love so dearly.

—*trans. by Francisco X. Alarcón*

FRENTE AL ESPEJO

En la vigilia y en el sueño,
agotamos el tiempo
que se nos dio sobre la tierra.
Poco a poco uno se vuelve
ceniciento, de la piel al alma.
Cada día llega más lleno de dolores,
sin que podamos evitar su paso ciego.
Cada gesto nuestro, cotidiano,
nos acerca a la muerte cavilosa.
Frente al espejo descubrimos
repentinamente nuestra edad.
Tenemos tantos soles y lluvias
acumulados en el rostro,
que podríamos alumbrar
todas las sombras
y regar todos los desiertos.
Cada cirio que llega
es un año que se aleja.
Largo y amargo es el camino
de la cuna a la tumba.
Pero también se viven,
sin exagerar, ratos
agradables y dulces.

Nos ha tocado vivir
el minuto más hiel
de todos los siglos.
Si pudiera ponerle nombre
al siglo veinte, le pondría:
combate. Y lloraría después.
Se nos murieron tantas cosas
en las manos y en el alma,
para que otras nacieran,
que puedo gritar con orgullo
a los hombres del año dos mil:
amadnos un poco más,
que aún sufrimos
nuestra vida inconclusa.

Se piensan tantas cosas

IN FRONT OF THE MIRROR

In wakefulness and sleep
we exhaust the time
that is given us on earth.
Little by little we turn
ashen, from our skin to our souls.
Each day arrives more filled with sorrow
and we can't avoid its blind step.
Each of our everyday gestures
brings us closer to troubled death.
In front of the mirror we suddenly
discover our age.
With so many suns and rains
accumulated in our faces
we could illuminate
all shadows
and irrigate all deserts.
Each candle arriving
is a year departing.
Long and bitter is the path
from the cradle to the grave.
But without exaggerating,
we also live sweet
and pleasant moments.

It's fallen to us to live
in the most bitter time
of all.

If I could name
the twentieth century, I'd call it:
combat. And afterwards I'd cry.
So many things died
in our hands and our souls
so that others might live,
that I can shout with pride
to the people of the year two thousand:
Love us a bit more
we're still suffering
our unfinished lives.

We think so many things

frente al espejo,
cuando descubrimos la edad
de nuestra cabellera
y vemos las lunas
ocultas en ella,
que uno puede consolarse,
diciendo o escribiendo:
los nuestros amarán
mañana
la ceniza de los suyos,
humeante de protestas
todavía.

Y luego puede reírse
uno de su tiempo
y seguir viviendo,
sin pensar en el frío
que nos espera,
en cualquier parte,
para sellarnos el alma
con los dedos morados.

in front of the mirror
when we discover the age
of our hair
and we see the moons
hidden there,
we can console ourselves,
saying or writing:
tomorrow
our friends will love
the ashes of their friends
still
smoking with protest.

And later we can laugh
in our own time
and continue living,
not thinking of the cold
that awaits us
anywhere
to seal our souls
with purple fingers.

—*trans. by Barbara Paschke*

SABOR A LUTO

Tú no sabes,
mi delicada bailarina,
el amargo sabor a luto
que tiene la tierra
donde mi corazón humea.
Si alguien toca a la puerta,
nunca sabes si es la vida
o la muerte
la que pide una limosna.
Si sales a la calle,
puede que nunca más
regresen los pasos
a cruzar el umbral
de la casa donde vives.
Si escribes un poema,
puede que mañana
te sirva de epitafio.
Si el día está hermoso
y ríes,
puede que la noche
te encuentre en una celda.
Si besas a la luna,
que acaricia tu hombro,
puede que un cuchillo
de sal
nazca de madrugada
en tus pupilas.

Amargo sabor a luto
tiene la tierra donde vivo,
mi dulce bailarina.

Sabes,
creo
que he retornado
a mi país
tan solo para morir.

Y en verdad,
no lo comprendo todavía.

MOURNING FLAVOR

My delicate ballerina,
you do not know
the bitter flavor of mourning
which the earth holds
where my heart smokes.
If someone knocks at the door,
you never know if it's life
or death
begging for alms.
If you go out into the street,
it could be that steps
never again return
to cross the threshold
of the house where you live.
If you write a poem,
it could be that tomorrow
it may serve as your epitaph.
If the day is beautiful
and you laugh,
it could be that night
finds you in a cell.
If you kiss the moon
which caresses your shoulder,
it's conceivable that a knife
of salt
is born in your pupils
at dawn.

My sweet ballerina,
where I live the earth
has the bitter taste of mourning.

You know,
I believe
that I returned
to my country
only to die.

And to be honest,
I still don't understand it.

—*trans. by David Volpendesta*

CARTA DE AMOR CONSTANTE

Al decirte aquella tarde
que pronto volvería hacia mi tierra,
porque allí me esperaban los caminos
que siempre he recorrido desde niño,
las altas jacarandas de mi patria
y una apretada música de abrazos,
recuerdo que hablaste de nosotros,
de los parques que juntos conocimos,
de las lágrimas que me seguirían
cuando yo volviera hacia mi pueblo
y del hondo dolor que te causaba
mi clandestino regreso a Guatemala,
porque tú seguirías amando
al joven exiliado que aprendió
a cantar en el destierro.
Pero nunca alumbraste
tus estrellas saladas,
porque no es justo llorar
cuando un hombre busca
el futuro de su pueblo.
Hoy amo la firmeza
que inundó de pájaros mis ojos,
porque te veo, como entonces,
cultivando los geranios rojos
que yo solía besar en la mañana
como un firme tributo a la ternura.
Y te escribo esta carta
porque es necesario
dejar clara mi partida:
volví a mi país
por un mandato exacto
de mi estrella perenne,
pero tengo dos meses
de no besar geranios rojos
y todas las madrugadas,
cuando mi anatomía enciende
su cotidiana lámpara de sangre
me voy hasta el lejano suburbio
donde sueña tu corazón sonoro

LETTER OF A CONSTANT LOVE

When I told you that evening
that soon I was going back to my country
because waiting for me there were the roads
I have always crossed since my childhood,
the high *jacarandas* of my country,
the intimate music of embraces,
I remember you talked about us,
about the parks we got to know together,
about the tears that would follow me
when I go back to my people
and about the profound grief
that my clandestine return to Guatemala
was causing you,
because you would continue loving
the banished young man who learned
how to sing in exile.
But you never lit up
your salty stars,
because it is not fair to weep
for a man who looks after
the future of his people.
Today, I love the firmness
that flooded my eyes' birds
because I see you now like then,
caring for the red geraniums
that I used to kiss every morning
like a staunch tribute to tenderness.
And I am writing this letter
because it is necessary
that my departure be clear:
I returned to my country
obeying an exact order
from my perennial star,
but during the past two months
I have not kissed any red geraniums,
and every sunrise,
when my anatomy lights up
its daily lamp of blood,
I go far to the distant suburb
where your loud heart dreams

su vieja forma de abrazarme
y al pie de sus recuerdos
grabo mi destino de soldado
de los viejos anhelos populares,
hundo mi voz en los geranios
con una gran pasión silvestre
y abrazo al primer hombre
que llora en medio de la calle...

LO PRIVADO TAMBIEN CUENTA

Tal vez
sean tus ojos
lo más privado
que tenga
sobre el mundo,
ahora que los miro
largamente
y el viento de tus manos
sopla suavemente
en mis cabellos
su débil experiencia.

En lo alto
de las tardes
está su residencia,
y cuando
vamos juntos por las calles
de la nueva ciudad,
tus ojos
me gustan más que nunca,
porque con ellos
se alegra

about its old way of embracing me,
and I, at the bottom of its memories,
engrave my destiny of a soldier
of the old popular aspirations,
and sink my voice in the geraniums
with great rustic passion
and embrace the first man
who happens to cry in the middle of the street.

—*trans. by Francisco X. Alarcón*

THE PERSONAL ALSO MATTERS

Perhaps
your eyes are
the most personal thing
I have
in the world,
now that I look at them
at length
and the wind of your hands
softly breathes
its faint experience
in my hair.

Their home is
the high point of afternoon
and when
we walk together through the streets
of the new city
I like your eyes more than ever
because along with them
my distance

también mi lejanía.

Tal vez
nadie llegue
a comprender
por qué tus ojos
son un siempre estupendo
que canta en mí
a la hora más noche
de todas,
cuando estoy cansado ya
de tocar la medianoche
con la ribera azul
de mi callada frente.

Tal vez
sean tus ojos
lo más privado
que tenga
sobre el mundo,
amor mío,
pero ellos aumentan,
como nadie todavía,
mi deseo de luchar
para cambiar al mundo,
y me hacen, además,
el más alegre
de todos los tristes
que vive aún sobre el planeta.

Y cuando salgo a luchar
diariamente,
vida mía,
tus ojos van conmigo,
atentos
a que nada me pase.

Y son,
cuando yo sufro
el mundo a mi manera,
dos astros, muy dulces y lejanos,
que me anuncian
también con su ternura,

also lights up.

Perhaps
no one
understands
why your eyes
are an eternal astonishment
that sings in me
at the deepest
night hour
of all,
when I am already tired
of touching midnight
with the blue riverbank
of my silent forehead.

Perhaps
your eyes are
the most personal thing
I have
in the world,
my love,
but they increase
like no one yet
my desire to struggle
to change the world
and besides, they make me
the happiest of all the sad people
who still live on the planet.

And when I daily go out
to fight,
my love,
your eyes go with me
mindful
that nothing happen to me.

And when I suffer
the world in my way,
they are
two stars, very sweet and distant,
that announce to me
with their tenderness

la pronta llegada del alba,
del alba para todos.

INVENCIBLES

Amor, nosotros somos invencibles.

De historia y pueblo estamos hechos.
Pueblo e historia conducen al futuro.

Nada es más invencible que la vida;
su viento infla nuestras velas.

Así triunfarán pueblo, historia y vida
cuando nosotros alcancemos la victoria.

Amanece ya en la lejanía de nuestras manos.
Y la aurora se despierta en nosotros,
porque somos los constructores
de su casa, los defensores de sus luces.

Ven con nosotros que la lucha continúa.
Levanta tu orgullo miliciano, muchacha.

¡Nosotros venceremos, mi dulce compañera!

the imminent arrival of dawn,
the dawn for everyone.

—*trans. by Barbara Paschke*

INVINCIBLE

Love, we're invincible.

Made of history and common people,
leading to the future.

Nothing's more invincible than life:
its wind swells our wings.

When we reach our victory,
common people, history and life will triumph.

It's already dawning now in the distance of our hands.
And the aurora is waking in us
because we are the builders
of its house, the defenders of its lights.

Come with us, the struggle is going on.
Lift up your militant pride, woman.

We'll win, my sweet *compañera!*

—*trans. by Jack Hirschman*

EXILIO

1.

Mi exilio era de llanto.

La eterna mirada gris de los policías
sobre mi rostro insuficiente.
Los mesones del hambre más allá del puñado
de dólares violadores de patrias.
El equipaje arreglado todos los meses,
dispuesto a finalizar su éxodo
de lágrimas y polvo.

Caminé por las costas ajenas
buscando el rostro de mi país.
Madrugadas de gaviotas me seguían.
Recibía abrazos dados con la fuerza brutal
del que siente un cataclismo de rosas
en la parte más escondida del alma;
apretones de mano en las noches
de fuga, donde siempre se encendía
la mirada fluvial de nuestra madre,
y su vieja dimensión de ceiba
con sus ramas en alto,
defendiendo la ciudad de los pájaros
de la eterna ofensiva del agua.

Yo era una lágrima de mi patria
que rodaba por la cara de América.

Porque soy de los que llevan
                              todavía
vientos maternales
en las pupilas de la sangre.
De los que lloran golondrinas
cuando sueñan el rostro de su infancia.
De los que persiguen ágiles mariposas.
Y de aquéllos que navegan con su barco de papel
todas las tardes del invierno.
Soy apenas una joven marea
                              de mi pueblo.
Y sin embargo afirmo:

EXILE

1.

My exile was made of weeping.

The ceaseless grey glare of police
on my insufficient face.
The inns of hunger beyond the handful
of dollars that rape countries.
The bags packed every month
ready to wrap up the exodus
of tears and dust.

I walked foreign shores
in search of my country's face.
Dawns of sea gulls followed me.
I received brutal embraces
from persons discovering a cataclysm of roses
in the most hidden corner of their soul,
grasping hand-shakes in the nights
of escape, where the streaming stare
of our mother always glowed,
her ageless tree-like dimensions,
branches up,
defending the city of birds
from the endless assault of water.

I was a tear of my country
rolling down the face of America.

Because I am one of those
who still
carry maternal winds
in every drop of blood.
One of those who cry out swallows
when dreaming up the face of their childhood.
One of those who run after agile butterflies.
And who sail their paper boat
every winter afternoon.
I am just the young tide
of my people.

And yet I say:

mañana mi cabellera
de peces
        estará blanca.
Mi rostro estará borrado
por las manos de la niebla.
La mirada de mis huesos
se perderá en un viento
de ceniza.
        Pero mi corazón
soldado estará entero,
con sus banderas en alto.

2.
Tú, mercader de mi país,
escucha:
¿Has oído caminar a la patria
más allá de tu sangre?
¿Te has despertado alguna vez
llorando por su pulso sonoro?
¿Has oído, algún día de invierno,
sentado en un café de país lejano,
que platiquen los hombres de su lucha?
¿Has visto el exiliado moribundo,
tirado en un cuartucho sucio, acostado
sobre una cama construida de cajones,
preguntar por la vaga estatura
de sus hijos ausentes de su amor?
¿Has oído penar a la risa? ¿Has
llorado alguna vez sobre el vientre
altísimo de nuestra patria? ¿Has
oído que estúpidamente te digan:
¡comunista!, porque eres diferente
al rebaño que deifica al déspota?
¿Has visto como la dulce costurera
estampa un beso tierno en la mejilla
aceitosa de su príncipe mecánico?
¿Has apretado la mano callosa
de los obreros que forjan
el colectivo destino del mundo?
¿Has visto cómo ríen los niños pobres

Tomorrow my long hair
of fish
        will turn white.
My face will be wiped out
by hands of fog.
The eyes of my bones
will be lost in a wind
of ash.
        But my heart
will be brave as a soldier
with flags flying high.

2.
You, salesmen of my country,
listen:
Have you heard the land walk
beyond your blood?
Did you ever wake up
crying from the pounding of its heart?
Sitting at a cafe in a far off land
one winter day,
have you listened to men speaking
of their struggle?
Have you seen the moribund exile,
in a dirty room, sprawled
on a bed of planks,
asking for the vague height
of his children on leave from his love?
Have you heard laughter weep?
Have you once cried on the high belly
of our country? Have you been victim
of that stupid accusation:
communist! because you were no part
of the sheep herd worshipping the despot?
Have you watched as the sweet seamstress
planted a tender kiss on the oily cheek
of her prince the mechanic?
Have you pressed the calloused hand
of the workers who are building
the world's collective destiny?
Have you seen poor children laugh

con el bello optimismo de su infancia?

Mercader de mi claro país, tu silencio
es más grande que toda tu riqueza.

Y ustedes, indiferentes, ¿qué dicen?
¡Silencio!
   No contesten nada.
No abran la boca,
    si no son capaces
de contestar protestando.

Y otra pregunta dolorosa para todos:
¿Saben acaso qué es el exilio?
¡Claro, qué van a saberlo!
Yo lo voy a decir:
    el exilio
es una larguísima avenida
por donde sólo camina
     la tristeza.
En el exilio, todos los días
se llaman simplemente agonía.

Y algo más, mercaderes e indiferentes
de mis país. En el exilio se puede perder
el corazón, pero si no se pierde,
      nunca
podrán asesinarle su ternura
ni la fuerza vital de sus tormentas!

with the beautiful optimism of their childhood?

Salesmen of my sunny country, your silence
is greater than all your cash.

And you, the indifferent, what do you say?
Silence!
          Don't answer.
Don't open your mouth
                    if you can't
answer in protest.

One last painful question for all:
Do you even know what exile is?
Surely you'll know it!
I'll tell you:
          exile
is a long long avenue
where only sadness walks.
In exile every day
is called simply: agony.

And one more thing, salesmen and indifferent ones
of my country. In exile you can lose
your heart, but if you don't,
                    then never
will they be able to kill its tenderness
nor the life-giving strength of its storms!

—trans. by Francisco X. Alarcón

ENCUENTRO

Estábamos tan lejos el uno del otro.

Mares había entre nosotros.
Montañas y agua.
Fuego y viento.
Largos años
de oscura
desesperación
había entre nosotros.

Pero nos encontramos,
a pesar de todo,
porque la vida lo quería
ciegamente.

COMUNICADO

Nada
podrá
contra esta avalancha
del amor.
Contra este rearme del hombre
en sus más nobles estructuras.
Nada
podrá
contra la fe del pueblo
en la sola potencia de sus manos.
Nada
podrá
contra la vida.

Y nada

ENCOUNTER

We were so far from each other.

There were oceans between us.
Mountains and water.
Fire and wind.
There were long years
of dark
desperation
between us.

But we found each other
in spite of everything
because life wanted it,
blindly.

—*trans. by Tina Avila*

COMMUNIQUE

Nothing
can stand
against this avalanche
of love.

Against the rebuilding
of man's most noble structures.
Nothing
can undermine
the faith of the people
in the solitary power of their hands.
Nothing can stand against life.

And nothing

podrá
contra la vida,
porque nada
pudo
jamás
contra la vida.

REVOLUCION

Los que no ven
nos dicen ciegos,
pero tú nos has enseñado
a ver el color
del tiempo que viene.

Los que no oyen
nos dicen sordos,
pero tú nos has enseñado
a escuchar en todas partes
el ágil sonido
de la ternura humana.

Los cobardes nos dicen cobardes,
pero contigo nos enfrentamos
a las sombras
y les cambiamos el rostro.
Los criminales nos dicen criminales,
pero contigo revivimos la esperanza,
le marcamos el alto al crimen,
a la prostitución,
al hambre.
Y le ponemos ojos,

can go
against life
because no one thing
could ever
oppose
life.

—*trans. by Tina Avila*

REVOLUTION

Those who don't see
call us blind
but you have taught us
to see the color
of the coming times.

Those who don't hear
call us deaf
but you have taught us
to listen everywhere
to the agile sound
of human tenderness.

Cowards call us cowards
but with you we confront
the shadows
and change their faces.
Criminals call us criminals,
but with you we revive hope,
putting an end to crime,
prostitution,
hunger.
And we put eyes,

110

voz,
oídos,
alma,
al corazón del hombre.
Los racistas nos dicen antihumanos,
pero contigo le damos al odio
su tumba mundial
en la ciudad de los abrazos.

Nos dicen tantas cosas.
Y los que las pronuncian
olvidan,
estúpidos que son,
que sus nietos
amarán mañana
jubilosamente
la palabra estrellada
de tu nombre:
        revolución.

voice,
ears,
soul
on the heart of humanity.
Racists call us antihuman
but with you we give hatred
its worldwide tomb
in the city of embraces.

They call us so many things,
and those who pronounce them
forget,
stupid as they are,
that tomorrow
their grandchildren
will jubilantly love
the star-burst word
of your name:
                revolution.

—*trans. by Barbara Paschke*

RETORNO A LA SONRISA

Los niños
nacidos
a finales
del siglo
serán alegres.

(Su sonrisa
es de sonrisas,
colectivas.)
Yo,
hombre en lucha
a mediados del siglo,
digo: a finales del mismo
los niños serán alegres,
volverán otra vez a reír,
otra vez a nacer en los jardines.
Desde
mi oscuridad amarga
salgo y sobresalgo
de mi tiempo duro
y veo el final
de la corriente:
niños alegres,
no más alegres!,
aparecieron
y se levantaron
como un sol de mariposas
después del aguacero
tropical.
Los niños
inundaron
el mundo
con su canto,
lo veo hoy,
1957, mediados
del siglo 20,
en un lejano
país de América,
en la cuna del maíz.
Desde mi tiempo áspero

RETURN TO THE SMILE

The children
born
at the end
of the century
will be joyful.

(Their smiles
are the collective
smile.)

I,
a man struggling
in the middle of the century
say: at the end of it
the children will be joyful,
will return once again to laughter,
be born again in gardens.
From
my bitter darkness
I emerge and project
from my hard times
and I see the end
of the wave:
happy children,
only happy!,
appearing
and rising
like a sun of butterflies
after a heavy tropical
shower.
The children
have inundated
the world
with their song:
I see it today,
1957, in the middle
of the 20th century
in a distant
American country,
in the corn's cradle.
From my rugged time

veo un rostro de niño
inundado de gran felicidad
silvestre y colectiva.
Veo los niños alegres
rodeados de inquisidores;
polizontes con hambre
y funcionarios con miedo,
y,
soy feliz en mi presidio
lleno de casas y calles
y látigos y hambre,
porque veo la salida del sol
lleno de flores, talcos y juguetes.
Soy feliz por la niñez futura,
cuya ágil estatura nueva
la llevo guardada
en mi corazón
pobrísimo.
Soy feliz con mi alegría,
porque nada puede impedir
el nacimiento de los niños
al finalizar mi siglo 20,
bajo otra forma de vivir,
bajo otro aire profundo.

Soy feliz por la niñez del mundo
venidero, y, lo proclamo a grandes
voces, lleno de júbilo universal.

I see a child's face
inundated with great
collective and wild happiness.
I see happy children
surrounded by examiners;
hungry cops
and fearful functionaries
and
I
am happy in my everyday prison
filled with houses and streets,
whips and hunger
because I see the sunrise
full of flowers, tinsel and toys.
I'm happy for the future child
whose agile new stature
I carry and guard
in my pauper's
heart.
I'm happy with my joy
because nothing can stop
the children born
at the end of the 20th century
from living under different conditions,
under another, profound wind.

I'm happy for the future child
of the world and I proclaim it with great
shouts full of universal joy.

—*trans. by Jack Hirschman*

NULO DE GEOGRAFIA

1.

Una oscura
tarde de invierno
dije, para que tú
siempre lo supieras,
amor mío,
que el corazón
no sabe geografía
cuando de ti se trata.

La nieve amable
le daba ritmo blanco
a mis palabras tristes.
Ellas, como simples gaviotas,
eran de curso muy tranquilo.

Yo sabía,
tu alma las llamaba desde lejos.
Y hacia ti eran sus vuelos.

No hay océanos para él,
dije.
Ignora territorios y brumas.
Desconoce la niebla
y las ciudades,
las ciudades grises
como las golondrinas.
Sucede que no hay ríos
para él,
ríos que buscan un hogar
nunca olvidado:
las anchas aguas del mar.

No sabe,
dije,
geografía, no sabe.

2.

A veces
recuerdo esas palabras
invernadas.
El corazón
emprende luego
larguísimos viajes

DEVOID OF GEOGRAPHY

1.
One dark
winter afternoon
I said, my love,
so that you would always know,
my heart
knows no geography
when it comes to you.

The friendly snow
gave my sad words
white rhythm.
Like simple gulls
their flight was tranquil.

I knew
your soul was calling them from afar,
and they flew toward you.

My heart has no oceans,
I said.
It's unaware of boundaries and mists.
It doesn't know fog
and cities,
cities gray like swallows.
For my heart there are no rivers,
rivers that seek a never forgotten home:
the wide waters of the sea.

It doesn't know geography,
I said,
It doesn't know.

2.
Sometimes
I remember those
winter words.
My heart then undertakes
long journeys
to the east,
always returning
in the bitter

hacia el este,
para volver siempre
por las tardes,
amargas y malditas,
más triste y más cansado
que nunca.
Entonces,
llovizna toda la noche
en mi memoria.
Y una estrella de sal
canta su luz en mi pupila,
a la hora de todo amanecer,
cuando uno se despierta
un poco más joven que mañana.

3.
Ahora sé.
Nulo de geografía,
el corazón
quiere llevarme lejos.
El sabe,
tú no estás conmigo.
Está solo,
como el viento del norte.
Aún no se acostumbra
al alba,
ella llega siempre sin nadie
si tú no estás conmigo.
Quiere llevarme lejos.
A donde tú me esperas.
Pero entre nosotros
hay historia y violencia,
océanos, caminos, montañas,
hambre y miseria,
combates
que aún se tienen que librar
para ser libres,
como ya lo eres tú,
vida mía.

Es verdad,
el corazón de los enamorados
no sabe nunca geografía,
tan sólo sabe no olvidar.

and cursed afternoons,
sadder and more tired
than ever.
It drizzles all night
in my memory then,
and a salty star
sings its light in my pupil
at the hour of every dawning
when one awakens
a little bit younger than tomorrow.

3.
Now I know,
devoid of geography,
my heart
wants to carry me far away.
It knows
you're not with me.
It's alone
like the north wind,
not yet accustomed
to the dawn
that always arrives with no one
if you are not with me.
It wants to carry me away
to where you await me.
But between us
are history and violence,
oceans, roads, mountains,
hunger and misery,
battles
that have yet to free themselves
in order to be free
as you already are,
my love.

It's true
the heart of lovers
never knows geography
only how not to forget.

—trans. by Barbara Paschke
            and David Volpendesta

ORACION POR EL ALMA DE LA PATRIA

¡Que los pueblos tengan paz,
mucha paz, y sean felices! — *Popul Vuh*

Hundo mis manos en la tierra
y las semillas se me escapan
como ágiles lágrimas del campo.
Beso el arcilloso paraninfo
de los surcos hinchados de rocío
y el beso busca el viento floral
para encender su golondrina herida
en la pupila sensual de las estrellas.
Uno mi sangre con la tierra fresca,
para agrupar la resonancia de mi cuerpo
en el futuro azul de las palabras.
Hundo mi corazón en medio de la tierra
y por las milpas despliego sus hazañas
cuando crece pleno de cortesías
cereales, de puras y altas cortesías
cereales sostenidas por el vuelo
que persigo desde siempre, cantando
desde siempre, luchando desde siempre
porque cambie el mundo su tristeza
por una simple cascada de alegría,
por un destello de amor,
por una rosa de palabras,
dulces y de dulces pupilas.

Sabemos todos que la tierra
es ancha y eternamente nueva.
Sabemos que es tan ancha
como las caderas
de la cosecha más extensa.
Y sabemos todos
que un sol íntimo
alumbra el nacimiento
de los frutos y las flores.
Y que una fuerza ciega
empuja los colores y las hojas
hacia la mano transparente
de los vientos.

Pero sabed,

PRAYER FOR THE SOUL OF MY COUNTRY

May the people have
peace and be happy!
Popul Vuh

I sink my hands into the earth
and the seeds escape through my fingers
like the flowing tears of the countryside.
I kiss the clay amphitheatre
of furrows swollen with dew
and the kiss seeks a floral wind
to ignite the wounded swallow
in the sensual pupil of the stars.
I unite my blood with the fresh earth
to gather the resonance of my body
in the blue future of words.
I sink my heart into the center of the earth
and unfurl the feats of the cornfields,
cornfields full of cereal
courtesies, of pure and high cereal
courtesies, sustained by my infinite
flight, yes, I am always singing
always struggling, so that
the world may exchange its sadness
for a simple cascade of joy,
for a spark of love
for a rose of sweet
words and sweet eyes.

We all know that the earth is wide
and eternally new.
We know it's as wide
as the hips
of the greatest harvest.
And we all know that an intimate sun
lights the birth
of fruits and flowers
and that a blind force
pushes colors and leaves
toward the transparent hand
of the winds.

But know,

sabed bien que nadie ríe
en medio de las flores y los surcos,
sabed bien que ninguno
alza su alegría con las plantas,
sabed bien que nadie
apoya el canto de los pájaros
ni la mirada azul de las mareas.

Pero sabed,
sabed bien que ninguno
cuando canta anda tranquilo,
como el gorrión o como el trino
de los vientos, en la garganta
vegetal y verde de los pinos,
sabed bien que nadie
dialoga ya con el crepúsculo
y con el beso estrellado de la noche.

Sabed bien que ninguno
talla los siglos en la roca dura
ni cuenta más el paso de la luna,
sabed bien que nadie
habla ya con los volcanes y las piedras,
porque sus altos templos
están cayéndoles al alma
sin que los astros lo sepan
sin que lo sepan las montañas
ni el gesto azul de las bahías!

Amemos, sin embargo,
los dulces hombros de la tierra
pongamos nuestro oído milenario
en el pecho de clorofila de la selva
y aprendamos el lenguaje de los árboles,
volvamos nuestros pasos
hasta la primera semilla cultivada
y dejemos impreso nuestro canto
en su cotiledón sonoro.
Amemos, sin embargo,
campesinos callados de mi patria,
dioses multiplicados por el hambre,
vocativos ejemplos de la hoguera maya,

know well that no one laughs
in the furrowed fields of flowers,
know well that no one
will share his joy with the plants,
know well that no one affirms
the birds' singing
or the ice blue gaze
of the ocean fog.
But know,
know well that no one
who sings is truly at peace
like the sparrow or the trill
of the winds, in the green
vegetal throat of the pines,
know well that no one
now converses with twilight
and the star burst kiss of night.

Know well that no one
carves the centuries in hard stone
nor counts the phases of the moon,
know well that no one
now speaks with volcanos and stones
because their high temples
are crumbling on their souls
without the heavens knowing it,
without it being known by the mountains
or the blue gesture of the bays.

Let us love, nevertheless,
the sweet shoulders of the earth,
put our ancient nest
to the chlorophyll breast of the jungle
and learn the language of trees,
let us retrace our steps
to the first cultivated seed
and leave our song embossed
on its sonorous cotyledon.
Let us love, nevertheless,
silent *campesinos* of my country,
gods multiplied by hunger,
true examples of the Mayan fire,

amemos, a pesar de todo,
la redonda emoción de nuestro barro,
porque mañana, campesinos mayas,
nietos del maíz, abuelos de mis manos,
la pureza perfumada de la tierra
será para vosotros
el puñado de polen
que siempre estuvo al acecho
de volcarse en vuestras vidas
y en la celeste huella del viento,
que se levantará del puro amor
para salvar el alma de la tierra!

let us love in spite of everything
the full emotion of our clay
because tomorrow, Mayan *campesinos,*
grandchildren of corn, grandparents of my hands,
the perfumed purity of the earth
shall be yours
the handful of pollen
that always waited in ambush
to upset your lives
and the celestial track of the wind
shall rise from pure love
to save the soul of the earth.

—*trans. by Wifredo Q. Castaño*

DEFINICION Y ORGULLO

A ti acudo,
a tu rostro
de madre,
para morir contigo
si te toca morir,
para vivir contigo
si te toca vivir.

Madre patria,
mágico orgullo
alzado
entre las aguas
más hondas de la tierra,
pólvora virtuosa
para defensa de la vida!

A ti acudo,
a tu lado
pongo mi puño,
mi lágrima,
mi sueño,
porque tú eres
el orgullo
más grande de mi vida,
la aurora
que siempre anduve
buscando en los caminos!

A ti acudo,
a combatir contigo vengo,
porque tú nos defiendes,
porque eres la voz,
la juventud rebelde,
el corazón auténtico de mi vida!

DECISION AND PRIDE

I come to you,
to your motherly
face,
to die with you
if it is your time to die,
to live with you
if it is your time to live.

Mother homeland,
magic pride
lifted
among the deepest waters
of the earth,
righteous gunpowder,
safeguard of life!

I come to you,
at your side
I place my fist,
my tear,
my dream,
because you are
the greatest pride
of my life,
the dawn
I always searched for
on the roads.

I come to you,
I come to fight with you,
because you defend us,
you are the voice,
the rebel youth,
the true heart of my life.

—*trans. by Magaly Fernandez*
& Tina Alvarez Robles

FRENTE AL BALANCE, MAÑANA

Y cuando se haga
el entusiasta recuento
de nuestro tiempo,
por los que todavía
no han nacido,
pero que se anuncian
con un rostro
más bondadoso,
saldremos gananciosos
los que más hemos
sufrido de él.
Y es que adelantarse
uno a su tiempo,
es sufrir mucho de él.

Pero es bello amar al mundo
con los ojos
de los que no han nacido
                        todavía.

Y espléndido,
saberse ya un victorioso,
cuando todo en torno a uno
es aún tan frío y tan oscuro.

BEFORE THE SCALES, TOMORROW

When the enthusiasm
of our time
is recounted
for those
yet to be born,
but who announce themselves
with a kinder face,
we will come out winners,
we who have suffered most.

To be ahead
of one's time
is to suffer much.

But it is beautiful to love the world
with the eyes
of those
       still
to be born.

And splendid
to know oneself already victorious
when everything around
is still so cold, so dark.

—*trans. by Barbara Paschke
      & David Volpendesta*

MAÑANA TRIUNFANTE

Estoy seguro.
Mañana, otros poetas buscarán
el amor y las palabras dormidas
en la lluvia.
Puede ser que vengan
con las cuencas vacías a llenarse
de mar y paisaje.
Hoy, la amargura y la miseria
rondan mis bolsillos
abiertos en la noche
a las estrellas.

Mañana, para mi júbilo repicando
en las paredes,
la novia tendrá a su más bella
campana hecha de mar y arena
de lluvia y panorama.

Mañana me amarán los ríos
por haber pegado propaganda
en la noche de la patria:
ellos se encargarán de recordar
mi nombre.
Y con su rostro de sonrisa
la más humilde campesina
escribirá la poesía de amor
que no salió de mi garganta.
El rostro de un niño alimentado
escribirá lo que detuvo
un grito de combate en mis arterias.

Las palomas volando entre la espuma
serán lágrimas de amor que no temblaron
en mis párpados.

Mañana, cuando no intervengan en Corea
para rodear de sombras la sonrisa
y no quieran detener la roja estrella
que llevan los quetzales en el pecho,
entonces los poetas
firmarán su canto con rosales.

TOMORROW TRIUMPHANT

I am convinced.
Tomorrow other poets will search
for love and words asleep
in the rain.
It's possible they will come
with eye sockets empty
to be filled with landscape and sea.
Today, bitterness and misery
circle my pockets
opened in the night
to the stars.

Tomorrow, for my joy chiming
in the walls,
the bride will hold her most beautiful bell
fashioned from sea and sand
from rain and panorama.

Tomorrow, rivers will love me
for having posted propaganda
in the nighttime of my country:
they will entrust themselves
with remembering my name.
And with her smiling face
the most humble peasant girl
will write the love poems
that didn't leave my throat.

The face of a nourished child
will write about what stopped
the battle cry in my arteries.

Flying between the foam,
doves will be tears of love
that have not trembled on my eyelids.

Tomorrow, when they don't intervene in Central America
to encircle a smile with shadows
and they don't want to halt the red star
quetzals carry on their breasts:
then, with bushes of roses
poets will sign their song.

—trans. by David Volpendesta

1524   Spain invades and colonizes what is now Guatemala.

1821   Independence from Spain. Central America becomes part of Mexico.

1823   Guatemala, Nicaragua, Honduras, El Salvador and Costa Rica declare independance from Mexico.

1879—82   Expropriation of peasant communal lands in El Salvador.

1931   The dictator Jorge Ubico rises to power in Guatemala.

1932   A peasant uprising in El Salvador led by the Communist Party is suppressed with 30,000 murdered.

1934   General Augusto C. Sandino, Nicaragua's national hero, is assassinated at a "peace" meeting by Anastasio Somoza with the assistance of the U.S.

1936   Otto René Castillo is born in Quezaltenango, Guatemala on April 25.

1944—54   The fall of Ubico. Under the successive presidencies of Juan Jose Arévalo and Jacobo Arbenez important liberal democratic reforms are inagurated.

1950   In June the Guatemalan Labor Party (GLP) is formed.

1954   Otto René Castillo, already a member of the GLP, is elected president of his high school students association. In June, the CIA overthrows the democratically elected Arbenez government and installs the Castillo Armas dictatorship. Exiled to El Salvador, Castillo writes his first poems.

1955   Castillo shares the important Central American Poetry Prize with his friend, El Salvadoran poet, Roque Dalton.

1956   Colonel José Maria Lemus elected president of El Salvador.

1957   Castillo Armas is assassinated. Castillo returns from exile and studies law at the University of San Carlos. Declared the best student in his class he wins a scholarship and is awarded a poetry prize from the World Federation of Democratic Youth. He also participates on the editorial board of "Lanzas y Letras," a magazine which is very influential in Guatemalan cultural life. He become's critical of the GPL's position disregarding the role of Indian people in the Guatemalan revolution.

1958   Gen. Miguel Ydigoras Fuentes becomes President of Guatemala.

1959   Castillo travels to the German Democratic Republic (GDR) to attend the University of Leipzig.
The Cuban Revolution triumphs against the U.S. backed dictator Fulgencio Batista.

1960   The Bay of Pigs invasion with the complicity of the Ydigoras regime is mounted by the Kennedy Administration. The Cubans crush the invasion on the beaches.

1961   In Nicaragua, the Sandinista Front for National Liberation (FLSN) is formed.

1962   While in the GDR Castillo joins the Joris Ivens Brigade, a collective of artists and intellectuals interested in cinematically documenting the developing armed struggle in Latin America. In Guatemala, the Rebel Armed Forces (FAR) initiates armed struggle in the north-eastern part of the country. Aligning himself with the FAR, Castillo leaves Germany.

1963   A military coup overthrows Ydigoras. Defense Minister General Enrique Peralta Azurdia becomes President.

1964   Castillo returns to Guatemala. Continuing his activities as a student organizer he becomes the co-editor of "Vocero Estudiantil." His interest in Brecht leads to the formation of "Teatro de la Municipalidad de Guatemala." He also publishes a book of poetry titled after Quiché Indian leader, Tecún Umán, who led an uprising against the Spanish in 1524 and who was burned to death by the Europeans.

1965   While imprisoned Castillo publishes a book of poetry, *Vamonos Patria a Caminar*. Forced into exile he becomes a representative to the Organizing Committee of the World Festival of Youth. He travels extensively in Europe, Algeria and Cuba. He returns clandestinely to Guatemala.

1966—69   Julio Cesar Mendez Montenegro becomes president of Guatemala. An increase of U.S. military aid for counter-insurgency leads to the formation of 'Death Squads.' Thousands are murdered in an attempt to eradicate guerrilla forces.

1967   In Rio Hondo, the Zacapa region of northeast Guatemala, Otto René Castillo is captured along with his compañera in arms, Nora Paiz, and after four days of torture, burned at the stake.

1970   Colonel Carlos Arana Osorio, an architect of the the late 60's counter-insurgency campaign, is "elected" president. He declares a 'state of siege' which by 1973 has taken the lives of 15,000 people.

1974   Effraín Ríos Montt wins a majority in the election but Arana Osorio announces that his successor will be General Kjell Eugenia García.

1975   Guerilla Army of The Poor begins operatons in Quiché province. Other guerilla forces begin operations in the countryside.
In El Salvador, Roque Dalton is assassinated in a factional struggle.

1976   A massive earthquake in Guatemala kills 22,000 people. Ferocious repression continues.

1978   Fraudulent election brings General Fernando Romero Lucas García to the presidency.

1979   Support for the Guatemalan guerrillas increases due to government massacres of the Indian population. The Organization of the People in Arms (ORPA) is formed.
Triumph of the Sandinista revolution in Nicaragua on July 19th.

1980—82   Massive strikes, demonstrations and armed actions rock Guatemala. The government steps up repression.

1980   In El Salvador the Farabundo Marti National Liberation Front (FMLN) is formed.

1981   Guerrillas begin a coordinated campaign aimed at preventing intervention by Guatemalan troops in El Salvador.

1982   The four main guerrilla groups come together under a single coordination, The National Revolutionary Unity of Guatemala (UNRG). General Angel Aníbal Guevarra wins a plurality in the Presidential elections but days later a coup d'etat overthrows Lucas García. Ríos Montt becomes President. Human rights abuses increase. The Guerilla Army of The Poor designates Guatemala City as 'The Otto René Castillo Front.'

1983   The Reagan Administration lifts a five-year embargo on arms sales to Guatemala by approving a 6.3 million dollar sale of military equipment. Ríos Montt is overthrown by General Oscar Mejía Victores. Thousands of U.S. troops are sent to Honduras for "maneuvers," signaling a full-scale U.S. drive to militarily dominate Central America.

The U.S. invades the Caribbean island of Grenada.

1984   Despite ferocious repression the URNG continues to grow.

compiled by Tony Ryan